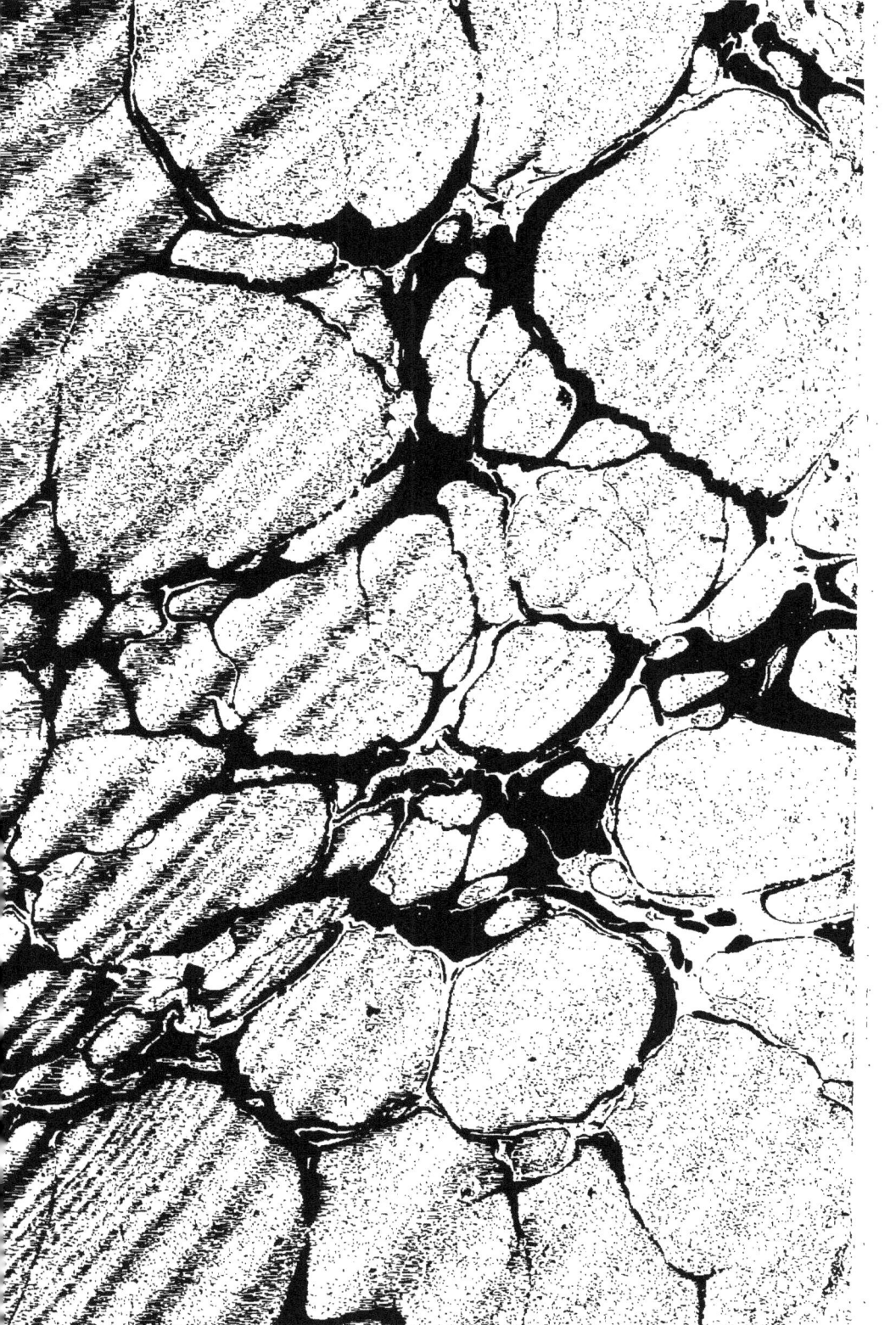

V

⨳ 3844
14.H.b.

Ⓒ

TRAITÉ
DE L'OFFICE

PAR T. BERTHE,

Ex-Officier de bouche de feu son Excellence M. le comte Pozzo di Borgo.

Ouvrage indispensable

AUX MAÎTRES-D'HÔTEL, VALETS DE CHAMBRE,
CUISINIERS ET CUISINIÈRES,

ET UTILE AUX GENS DU MONDE.

PARIS.

CHEZ L'AUTEUR, RUE NEUVE-DU-LUXEMBOURG, 24.

—

1844.

AUX GENS DE MAISON.

Mes chers Confrères,

C'est à vous à qui je dédie cet ouvrage et ce n'est qu'après m'être assuré que parmi tous les ouvrages de recettes imprimés jusqu'à ce jour, il ne s'en trouvait pas un qui traitât spécialement ce qu'il est nécessaire de connaître en fait d'office pour être officier maître-d'hôtel, que je me suis décidé à mettre la main à l'œuvre pour écrire ce manuel.

Aucun des auteurs qui m'ont précédé dans cette partie ne se sont mis en rapport avec les personnes qui ont fait usage de leurs ouvrages, pour les aider de leurs conseils et leur donner des explications qui sont toujours utiles, surtout quand on n'a pas la pratique d'un état. Quoique je donne dans mon livre plus de détails qu'il n'en existe dans tous ceux qui l'ont précédé, je m'engage envers les personnes qui feront emplette de ce manuel, à leur donner toutes les explications qui leur deviendraient nécessaires et même au besoin à leur démontrer l'exécution.

Jadis les maisons étaient plus fortes et la partie de l'office était confiée à un homme spécial, aujourd'hui il n'existe presque plus d'offices et encore moins de places d'officier, mais tous les maîtres sont flattés d'avoir un maître-d'hôtel et même un valet de chambre qui puisse leur apprêter un dessert et leur fabriquer des glaces, principalement à la campagne où on ne peut se procurer ces douceurs qu'en les faisant faire chez soi. Il devient donc de toute nécessité pour pouvoir être à la tête d'une maison de savoir faire au moins un peu d'office.

J'ose espérer qu'en faisant usage de ce manuel dans lequel j'ai aplani toutes les difficultés qu'offraient les premières cuissons du sucre en me servant pour les démontrer du pèse-sirop (1), moyen infaillible et avec lequel on ne peut se tromper ; que toutes personnes intelligentes et qui seront guidées par le désir de réussir, pourront aisément confire et conserver les fruits, fabriquer quelques bonbons et petits-fours et faire de bonnes glaces.

Je donne pour garantie de mon ouvrage la connaissance que j'ai dû acquérir par vingt ans de travaux, tant chez les confiseurs que dans les premières maisons de Paris.

Après avoir été sept ans ouvrier confiseur et trois ans élève de la maison Lointier où j'étais employé indifféremment à l'office, à la cuisine et au service de la table ; j'ai passé ensuite par tous les emplois de la servitude : garçon d'office, valet de pied, valet de chambre, huissier d'annonces, officier, et enfin je suis arrivé à trente-deux ans à remplir une place de maître-d'hôtel, qui était la condition à laquelle je me destinais lorsque je quittais à quatorze ans les bancs de l'école de mon village pour venir en apprentissage chez M. Cotte, confiseur, au Bras-d'Or, rue St-Honoré, 256,

---

(1) Pour pouvoir exécuter une grande partie des recettes portées sur ce livre, on ne peut se dispenser d'avoir un pèse-sirop ; on pourra s'en procurer chez moi, à un prix très modéré et dont je garantis la justesse.

et mon but était toujours le même quand je quittais à vingt-un ans, pour entrer chez M. Lointier, la maison Berthellemot, confiseur, au Palais-Royal (aujourd'hui rue Neuve-Vivienne). Si j'eusse voulu à cette époque écrire un livre de recettes, je l'eusse écrit tout différemment de celui que je viens de publier, vu que je ne connaissais pas le genre de travail qui convient en maison bourgeoise, où souvent on manque de la plupart des ustensiles nécessaires à la fabrication et auxquels il faut savoir suppléer ; c'est à quoi je me suis appliqué dans cet ouvrage. Je n'ai du reste donné les recettes que de ce que je fais moi-même en maison, je n'en n'ai pas écrit une que je ne sois prêt à exécuter positivement de même qu'elle est marquée sur ce livre et de la réussite de laquelle je ne sois sûr.

J'ai fait tout mon possible pour que tout homme intelligent et qui désire parvenir puisse me comprendre et puisse, en faisant usage de ce manuel, contenter ses maîtres et améliorer sa position.

Si plus tard je rencontre, comme je l'espère, quelques-uns de vous qui me disent : « C'est à vous que je dois la place que j'occupe. » Et d'autres : « J'arrive de la campagne, votre livre m'y a été de grande utilité, il m'a plus d'une fois tiré d'embarras ; » j'aurai atteint le but que je m'étais proposé : j'oublierai facilement les tourments que la composition de cet ouvrage m'a donnés et vos approbations seront pour moi la plus douce des récompenses.

OBSERVATIONS.

J'ai donné le nom de *glu* à la cuite du sucre appelée ordinairement à la *morve*, ce nom m'ayant paru inconvenant

Tous les exemplaires que je mettrai en vente seront revêtus de ma signature.

AVANT-PROPOS.

C'est après avoir bien hésité que je me suis décidé à publier cet ouvrage, plus habitué à tenir la spatule que la plume, j'ai été plusieurs fois sur le point de m'arrêter devant les obstacles que me présentait la rédaction d'un livre qui devait paraître en public ; mon style paraîtra sans doute peu coulant, mais c'est celui d'un ouvrier qui n'a d'autre prétention que de rendre service à ses confrères en les mettant à même de pouvoir se perfectionner dans un art qui leur est de première nécessité de connaître.

Si j'ai l'affligeante pensée que je n'écris pas ma langue correctement, j'ai en récompense la certitude que toutes mes recettes sont précises et qu'en les exécutant ponctuellement on ne peut manquer d'obtenir un bon résultat.

TRAITÉ DE L'OFFICE.

PREMIÈRE PARTIE.

CHAPITRE PREMIER.

Explication sur le sucre.

Le sucre étant le point le plus important de cet ouvrage, j'ai cru devoir par là commencer ce livre.

Le sucre n'est pas toujours de même qualité pour l'emploi, quoiqu'il paraisse à l'œil être aussi blanc et de même nature, quelquefois il est plus sec ou plus gras. J'appelle gras lorsqu'arrivé à la cuite du cassé il est poisseux, ou que même il n'arrive pas à cette cuite sans brûler, chose qui ne manquerait pas d'arriver quand bien même le sucre serait de bonne qualité si un peu d'alun ou tout autre acide se trouvait mêlé dans le sucre. Je fais cette remarque pour que l'on se garde bien de jamais piler de sucre dans un mortier où on aurait pilé des acides, sans avoir soin de le laver; quelquefois cependant il faut mettre dans le sucre un peu d'acide pour l'empêcher de grainer et pour pouvoir le travailler. Je désignerai à chaque fois qu'il en sera nécessaire les inconvénients qui pourraient survenir faute d'acide ou si l'on en mettait de trop. Les acides que l'on emploie sont le vinaigre, le jus de citron et la crême de tartre.

Il faut généralement choisir le sucre ayant le grain serré et d'un blanc brillant.

De la clarification du sucre.

Il y a quelques années encore, on ne pouvait obtenir de sucre clair sans le clarifier au blanc-d'œuf et même avec le noir animal, mais maintenant les sucres sont tellement clarifiés dans les raffineries et on a tant fait de progrès dans cet art qu'il devient pour toute espèce de travail inutile de le clarifier autrement que je vais l'indiquer. Comme mon but est de rendre le travail facile, je le simplifierai autant que je pourrai, toutes les fois que je pourrai obtenir les mêmes résultats. Cassez tout simplement votre sucre par morceaux dans un poêlon, mouillez-le avec de l'eau filtrée dans les proportions d'un litre d'eau pour trois livres de sucre, mettez votre poêlon sur le feu et quand votre sucre est fondu (chose que vous aiderez en le remuant de temps en temps avec votre écumoire) et dès qu'il bout, vous jetez dedans un peu d'eau fraîche, assez seulement pour l'empêcher de bouillir; retirez-le une minute de dessus le feu, ensuite remettez-le sur le feu, faites-lui reprendre un bouillon, écumez-le et passez-le dans un tamis de soie ou une serviette que vous aurez mouillée et pressée avant de passer votre sucre; c'est une précaution que vous aurez toujours chaque fois que vous passerez quelque chose dans une serviette, de la mouiller et de la presser, ce qui empêche que ce que vous passez prenne le goût de linge.

Pour pouvoir conserver du sirop de sucre, il faut qu'il pèse trente-et-un degrés au pèse-sirop; il faut le peser le plus chaud possible, car le sucre en refroidissant augmente de degrés : tel sirop qui pèse bouillant trente degrés étant froid en pèse trente-cinq.

Des cuites du sucre.

Quoique le sucre, depuis le moment où on le met sur le feu après être clarifié jusqu'à la cuite du cassé, passe par plus de cinq cuites, j'ai cru devoir n'en expliquer que cinq. Les autres étant trop difficiles à pouvoir comprendre, quand on n'a pas une grande habitude du travail, je les désignerai chaque fois que le travail l'exigera par les degrés qu'il faudra que le sucre pèse au pèse-sirop. Ce moyen est beaucoup plus simple et on ne pourra se tromper.

Les cinq cuites que je vais expliquer sont : le *Perlé*, le *Soufflé*, la *Glu*,* le *Boulet* et le *Cassé*; chacune de ces cinq cuites ayant le moment où le sucre arrive faiblement à cette cuite, celui où il y est bien, et le moment où il va passer à une autre, ce qui forme trois cuites pour une et en réalité en fait quinze, qui sont : le petit perlé, le perlé et le grand perlé ; le petit soufflé, le soufflé et le grand soufflé ; la petite glu, la glu et la grande glu ; le petit boulet, le boulet et le grand boulet ; le petit cassé, le cassé et le grand cassé.

Vous reconnaîtrez chacune de ces cuites par les moyens que je vais indiquer.

Pour le perlé, quand votre sucre bout depuis quelques minutes, vous y touchez avec le bout de votre doigt, vous frottez le doigt qui est mouillé de sucre vivement avec le pouce et quand vous voyez que votre sucre commence à filer un peu et à blanchir, il est au perlé ; avec quelque bouillon, il y est nécessairement davantage et passe au grand perlé.

Après cette cuite, vous trempez votre écumoire dans le sucre, et la sortant, vous soufflez à travers les trous. Aussitôt que votre sucre forme des petits globules aux trous de l'écumoire, vous reconnaissez qu'il est au petit soufflé ; avec quelques bouillons de plus, il en forme de plus gros, alors il est au soufflé ; lorsque ensuite les globules se détachent de l'écumoire et s'envolent, il est au grand soufflé. Vous passez ensuite à la glu : on reconnaît la glu lorsqu'en trempant son doigt dans l'eau fraîche et le trempant immédiatement dans le sucre, ensuite le remettant dans l'eau, aussitôt qu'il s'attache du sucre à votre doigt en forme de glu, d'où cette cuite a pris nom.

Tant que le sucre s'attachera à votre doigt sans pouvoir se former en boule, il sera toujours à la glu; il est seulement besoin d'observer que quand le sucre s'attache à peine au doigt, il est à la petite glu, que quand il s'y attache un peu plus, il est à la glu et qu'enfin quand il est prêt à pouvoir se rouler dans les doigts, il est à la grande glu.

Le boulet se reconnaît lorsque en trempant son doigt dans l'eau fraîche et ensuite dans le sucre, puis remettant le doigt dans l'eau, le sucre s'y attache et peut se former en boule; lorsque la boule se forme plus facilement, il est au boulet; et lorsqu'elle devient dure et ne se forme qu'avec difficulté, il est au grand boulet.

De la cuite au cassé.

Cette cuite est celle à laquelle il faut prendre le plus de soin et celle que l'on est le plus souvent à même d'employer, c'est cette cuite qui s'emploie pour tout ce qui est caramel, conserve, soufflé, et un grand nombre des bonbons qui sont sur ce livre, aussi je vais l'expliquer le plus clairement qu'il sera en mon pouvoir.

Quand le sucre sort de la cuite du boulet, il entre dans celle du petit cassé, on reconnaît cette cuite lorsque en trempant son doigt dans le sucre, après l'avoir trempé dans l'eau fraîche, et le remettant dans l'eau ensuite, le sucre qui s'est attaché à votre doigt peut se casser.

Ensuite au moment où vous remettez votre doigt dans l'eau fraîche après l'avoir trempé dans le sucre, vous l'entendrez péter comme un verre de lampe qui casse, alors il est cuit au cassé. Mais il n'est cuit au grand cassé que lorsque après avoir pété dans l'eau en le portant sous les dents, on sent qu'il ne colle plus et qu'il est aussi sec que si l'on mâchait du verre ; alors il est cuit au plus haut degré et ne peut rester plus long-temps sur le feu sans brûler. Il faut donc le retirer aussitôt qu'il a atteint cette cuite, car quelques secondes de plus sur le feu, votre sucre serait perdu.

CHAPITRE II.

Pastilles et Sucres rafraichissants.

Pour préparer la pâte des pastilles, il faut commencer par piler du sucre et le passer à un tamis de crin: lorsque votre sucre est passé, vous l'employez de la manière indiquée ci-dessous :

Il faut d'abord pour faire des pastilles un poêlon contenant environ un demi-litre, et ayant le bec plus long que les autres poêlons.

Un tamis en crin pour passer le sucre.

Des plaques en ferblanc pour couler les pastilles dessus.

Une petite terrine pour détremper la pâte, et une petite spatule en bois, si on ne peut piler son sucre; faute de mortier, on prendrait du sucre râpé, faute de plaques on les coulerait sur des feuilles de papier; si par hasard elles tenaient au papier, il faudrait mouiller légèrement le dessous pour les enlever.

Pastilles à la Groseille.

Vous écrasez sur un tamis une poignée de groseilles auxquelles vous pouvez joindre huit ou dix framboises, ce qui donne un goût meilleur aux pastilles; vous mettez le jus dans une petite terrine ou une assiette creuse : vous y joindrez un peu d'eau, environ le quart du jus, ou pour mieux dire sur un demi verre de jus un huitième de verre d'eau ; si vous ne mettiez pas d'eau, les pastilles ne sécheraient que difficilement et peut-être pas du tout, le jus de groseille étant très acide graisse le sucre, ensuite vous mettez votre sucre en grains dans le vase où vous aurez mis le jus de vos groseilles, pour faire une demi-livre de pastilles, huit à dix grappes de groseilles et huit à dix framboises suffisent. Quant au poids du sucre, je ne puis le préciser : c'est en faisant la pâte que l'on peut juger s'il y en a assez. Vous mettrez donc votre sucre avec votre jus et vous mettrez du sucre jusqu'à ce que votre pâte soit dure et ne puisse plus prendre de sucre.

Vous vous servirez pour faire ce mélange d'une petite spatule ou une petite cuiller de bois propre et qui pourra vous servir pour remuer votre pâte sur le feu. Ensuite vous mettrez une partie de votre pâte dans votre poêlon et le mettrez sur un feu très doux; vous ferez fondre votre pâte en la remuant tout doucement avec votre spatule et en ayant soin qu'elle ne bouille pas; quand vous voyez que votre pâte est un peu liquide et qu'elle peut couler par le bec du poêlon, vous coulez vos pastilles sur vos plaques en fer-blanc en les faisant tomber une à une avec un petit couteau. A mesure qu'il tombe de la pâte de quoi former une pastille, vous passez vivement la lame de votre couteau sur le bec de votre poêlon, ce qui fait tomber la goutte nette; vous aurez soin en coulant vos pastilles qu'elles ne se touchent pas. Si toute votre pâte n'a pu tenir à la fois dans votre poêlon, il faut, quand vous aurez fini de couler tout ce que vous aurez fait chauffer, remettre ce qui vous reste de pâte dans le même poêlon et vous recommencerez à faire chauffer de nouveau et couler ensuite. S'il arrivait que votre pâte devienne dure avant que vous n'eussiez tout coulé, il faudrait mettre dedans une goutte d'eau, la remuer en la remettant sur le feu pour la faire refondre. Vous pourriez remettre aussi avec, les pastilles qui seraient trop mal faites et que vous jugeriez ne pas pouvoir servir; une fois fondues, vous les coulerez comme les précédentes. Quand vos pastilles seront coulées et qu'il ne vous restera plus de pâte, vous les laisserez environ une demi-heure sur les plaques avant de les lever. Pour les lever, vous les pousserez une à une avec le pouce en les faisant tomber sur un tamis, il faut les laisser un peu de temps sur le tamis avant de les dresser sur vos assiettes pour qu'elles ne collent pas ensemble.

Pastilles aux framboises.

Les pastilles aux framboises se font de la même manière que celles aux groseilles, seulement ne pressez que des framboises pour avoir du jus pour détremper la pâte en y ajoutant même un peu d'eau et ne changez rien pour le reste.

Pastilles à l'orange.

Vous prenez un morceau de sucre d'environ une demi-livre à trois quarts, vous frottez une orange dessus pour que le zeste se prenne sur le sucre; quand vous voyez que votre sucre est empreint du zeste de l'orange, vous grattez avec un couteau tout le jaune qui est après le sucre, en le faisant tomber à mesure dans une petite terrine; vous pressez dessus ce zeste le jus de la moitié de votre orange et y ajoutez environ plein une cuiller à bouche d'eau, ensuite vous pilez le même morceau de sucre qui vous aura servi à zester votre orange, vous le passerez à un tamis de crin et vous vous servirez de ce même sucre pour détremper votre pâte.

Si vous n'aviez pas assez de sucre, pour que votre pâte soit assez épaisse, vous pourriez ajouter d'autre sucre en grains pour qu'elle soit aussi ferme que la pâte que vous aurez préparée pour les groseilles. Tout le reste du travail ne change pas, n'importe pour quelles pastilles. Si vous trouviez en ayant mis tout le zeste de votre orange que vos pastilles le sentent trop, vous pourriez en mettre un peu moins une autre fois, ceci dépend du goût, et il faut autant que possible faire au goût des personnes pour qui on travaille.

Pastilles au citron.

Les pastilles au citron se font en tous points de même que celles à l'orange, en prenant bien entendu un citron à la place d'une orange.

Pastilles aux fraises.

Les pastilles aux fraises sont souvent les plus estimées. Vous prenez une poignée de fraises auxquelles vous retirez les queues et les pressez à travers un tamis sur une petite terrine ; vous prenez du sucre en grains, comme pour les autres pastilles, et vous faites une pâte de même. La fraise étant moins acide que les groseilles, le jus d'orange ou le jus du citron, vous n'avez pas besoin d'ajouter d'eau pour détremper votre pâte, ce qui du reste retire toujours un peu de parfum. Le reste du travail ne change en rien.

Pastilles à l'orgeat.

Vous prenez quarante-cinq grammes d'amandes douces et cinq grammes d'amandes amères, vous les mondez de leurs peaux et les pilez dans un mortier en les mouillant avec une cuillerée d'eau pour qu'elles ne tournent pas à l'huile; quand elles sont bien pilées, vous les détrempez avec trois cuillerées à bouche d'eau, et vous les pressez dans le coin d'une serviette propre que vous aurez mouillée et tordue pour que votre lait d'amandes ne prenne pas le goût du linge, vous vous servez de ce lait d'amandes pour détremper la pâte à pastilles en la détrempant de même que les précédentes, vous la faites chauffer et la coulez de même.

Pastilles à l'ananas

On ne peut guère faire des pastilles à l'ananas que quand on est pour employer un ananas pour les glaces ou pour servir en compote, vu qu'il n'en faut que très peu pour les pastilles.

Vous prenez un morceau d'ananas de la grosseur d'une prune de Reine-Claude, vous enlevez toute la peau dure et ne gardez que la chair que vous pilez dans un mortier ; quand la chair d'ananas est bien pilée, vous la mettez dans une petite terrine, en y joignant plein une cuiller à bouche d'eau ; vous détrempez votre pâte en faisant entrer le plus possible de sucre en grains; de même que pour les autres pastilles, vous faites chauffer votre pâte et la coulez de même. S'il vous restait un peu d'un ananas que l'on aurait servi pour le dessert et que vous vouliez l'employer à faire des pastilles pour un autre dessert pour pouvoir le conserver, vous pilerez la chair de votre ananas après l'avoir séparée de la peau, une fois pilée vous ajoutez un peu d'eau et après avoir mêlé cette eau avec votre ananas, vous emplissez des petits bocaux ou des petits carafons que vous boucherez bien, et les ficellerez tel qu'il est indiqué au chapitre des conserves (voyez *Fruits conservés*). Vous les mettrez dans un poêlon, l'emplirez d'eau froide, mettrez votre poêlon sur le feu et leur ferez subir six minutes d'ébullition et les retirerez de l'eau quand ils seront froids. L'ananas ainsi préparé peut se conserver et pourra vous servir à faire des pastilles en toutes saisons, vous n'aurez alors qu'à déboucher vos petits bocaux, les vider dans une petite terrine et détremper votre pâte, en opérant de même qu'il est indiqué plus haut.

Des sucres rafraîchissants.

On peut faire avec les pâtes préparées pour les pastilles rafraîchissantes une autre espèce de bonbon appelé sucre rafraîchissant. Il suffit pour cela d'avoir des petits ronds de ferblanc portant deux centimètres de haut sur trois de large, dans lesquels vous coulez votre pâte quand elle est chaude et préparée, comme pour couler sur des plaques.

Vous pouvez remplacer ces ronds en ferblanc par des petites caisses en papier que vous mouillerez légèrement pour retirer la pâte de dedans, mais il faut les laisser dans le papier au moins cinq à six heures. Ces sucres s'emploient le plus souvent à la campagne ou en voyage pour faire un verre d'eau de groseille ou de limonade, etc. Il suffit de mettre un morceau dans un verre d'eau et de le remuer avec une petite cuiller.

Pastilles ordinaires à différens parfums.

La pâte de ces pastilles se détrempe comme celle des précédentes, mais il n'y a pas à craindre que ces pastilles graissent, vu qu'elles ne sont composées que d'eau ou d'essence.

Pastilles de menthe.

Vous détremperez la pâte de vos pastilles avec de

l'eau claire en ajoutant pour une demi-livre de sucre trois gouttes d'essence de menthe. On peut encore faire ces pastilles en détrempant sa pâte avec de l'eau de menthe tout simplement et sans y mettre d'essence, elles sont moins fortes et moins piquantes.

Pastilles à la rose.

Il faut détremper votre pâte avec de l'eau de rose.

Pastilles à l'eau de fleur d'orange.

Détremper sa pâte avec de l'eau de fleur d'orange; la manière de chauffer et de couler les pastilles ne change pas, quels que soient leur parfum et la grandeur des pastilles. Ces pastilles se coulent ordinairement plus petites que les précédentes.

CHAPITRE III.

Des caramels.

On donne le nom de caramel à tout ce qui est bonbons cuits au cassé et coupé sur le marbre.

Caramel au café à la crême.

Vous faites fondre une livre de sucre sur le feu dans du café à l'eau pas très fort ; il faut au moins deux verres de café à l'eau ; vous prenez un poêlon un peu grand, car ce sucre monte toujours, ce qui fait que si votre poêlon était petit, vous ne pourriez pas cuire votre sucre et il se répandrait dans le feu. Quand vous voyez que votre sucre monte, vous mettez dedans gros comme une noix de beurre bien frais, ce qui l'empêchera un peu de monter. Quand votre sucre est cuit au petit boulet, vous mettez dedans un verre de bonne crême et le laissez cuire au cassé, en ayant soin de remuer avec une spatule, sans cela votre sucre s'attacherait au fond de votre poêlon et brûlerait.

Quand votre sucre sera cuit au cassé, vous le verserez sur un marbre que vous aurez huilé légèrement et vous le couperez en carré avec un grand couteau, un moment après qu'il est versé. Pour le couper, il faut, dès que votre sucre est versé, marquer vos raies toutes sur le travers de votre sucre dans ce sens | | | , ensuite vous le marquez sur le long dans cet autre sens ====, ce qui nécessairement formera des carrés tels que vous voyez ⊞. Il arrivera souvent que le milieu de votre sucre étant plus chaud que les bords, les raies se fermeront ; alors vous appuierez votre couteau sur celles qui se seront refermées.

Il ne faut pas se servir du couteau comme si l'on voulait couper, il faut seulement appuyer le coupant de la lame du couteau sur le sucre, on peut même se servir d'une plaque en appuyant le coupant de la plaque sur le sucre, ce qui est même plus commode. Il faut faire cette opération le plus vivement possible, car, une fois sur le marbre, le sucre refroidit très vite et quand il est froid on ne peut plus le couper. Quand vos carrés sont ainsi marqués, vous passez la lame de couteau dessous votre sucre, c'est-à-dire entre votre sucre et le marbre ; ensuite vous enlevez votre sucre tout d'un seul morceau et le retournez sur une place propre de votre marbre, vous essuyez bien le dessous avec un linge blanc, afin d'ôter le goût de l'huile qui ne manquerait pas de se faire sentir si on ne l'essuyait pas. Vous essuierez de même la place de votre marbre où vous aurez coulé votre sucre ; vous remettrez après le sucre dessus et vous le casserez par morceaux carrés, tel qu'il est marqué et vous le laisserez sur un tamis tant qu'il ne sera pas froid.

Caramel au chocolat.

Vous prenez une livre de sucre que vous faites fondre sur le feu dans un tiers de litre d'eau et que vous laissez cuire au boulet ; pendant ce temps vous faites dissoudre deux tablettes de chocolat dans un bon verre de crême. Pour faire dissoudre le chocolat, vous le râperez, le mettrez dans un poêlon ou une casserolle, le mettrez sur un peu de cendre chaude et remuerez avec une spatule. Alors le chocolat deviendra mou, une fois mou et qu'il sera d'un seul morceau, vous y mettrez un peu d'eau chaude pour le délayer en le remuant, toujours avec une spatule, vous continuerez à mettre de l'eau, toujours peu à la fois, quand il commence à être un peu liquide, vous y mettez votre crême. En un mot, il faut le préparer comme pour faire une bonne tasse de chocolat à la crême. Quand votre chocolat est ainsi préparé et que votre sucre est cuit au boulet, vous versez votre chocolat dans votre sucre et le laissez cuire seulement au tout petit cassé, il ne serait cuit qu'au fort boulet qu'il sècherait encore, mais la cuite la plus convenable est le petit cassé.

Il faut avoir soin, quand une fois le chocolat est dans le sucre, de le remuer légèrement avec une spatule comme pour le café. Tout le reste, pour le verser et pour le couper, est de même que pour les caramels au café. Si votre sucre, en le coulant sur le marbre, venait à sabler, chose qui peut arriver, vous le remettriez dans votre poêlon avec un demi-litre d'eau et le feriez recuire. On peut en faire autant pour les caramels au café, si pareil accident leur arrivait.

Caramel à la fleur d'orange.

Vous prenez une livre de sucre en grains passé au

tamis de crin, comme pour les pastilles, vous le mettez dans un poêlon et vous le faites fondre sur le feu sans y mettre d'eau, vous aurez soin de toujours le remuer avec une spatule; car si vous ne le remuiez pas constamment, il brûlerait de suite et serait perdu.

Aussitôt qu'il commencera à fondre, vous y ajouterez deux onces de fleur d'orange pralinées : quand vous voyez qu'il est fondu et qu'il peut se couler sur le marbre, vous le retirez de dessus le feu et le remuez encore un peu environ un quart de minute, cette opération le fait blanchir un peu et l'empêche de poisser. Il faut avoir bien soin de ne pas le laisser trop longtemps sur le feu, il serait moins désagréable de le retirer avant que tout le sucre soit fondu que de le laisser un instant de trop sur le feu, ce qui le ferait poisser. Tout le reste pour le verser et le couper comme pour les caramels au café.

Caramel à la vanille.

Vous prenez une livre de sucre que vous cassez par morceaux dans un poêlon et que vous faites fondre sur le feu dans un tiers de litre d'eau filtrée; quand votre sucre est fondu et qu'il bout, vous l'écumez et vous y mettez un peu de vanille, un bâton de la longueur d'environ quatre centimètres, et vous ferez tomber dans votre sucre trois gouttes de vinaigre pour l'empêcher de grainer ; vous le laissez ensuite cuire jusqu'au grand cassé en ayant soin d'enlever de temps en temps avec une petite éponge propre et mouillée ou avec le coin d'une serviette mouillée également le grain du sucre qui s'attache aux parois du poêlon pendant le temps que le sucre bout, faute de faire cette opération les grains qui se forment aux bords du poêlon se détachent et en tombant dans votre sucre le font grainer. Il faut éponger les parois de votre poêlon au moins quatre fois pendant le temps que votre sucre cuit. Il faut toujours faire cuire le sucre sur un feu vif, vu que le sucre qui languit sur le feu rougit.

Tout le reste pour couler le sucre et le couper est de même que pour les précédents; seulement quand votre sucre est versé sur le marbre, vous retirez, avant de le couper, la vanille que vous y avez mis. Pour la retirer, vous la prenez avec la pointe des ciseaux.

Sucre de pomme.

Le sucre de pomme se fait positivement comme le caramel à la vanille, en mettant au lieu de vanille un peu d'écorce de citron que vous mettrez après avoir ôté le blanc de l'écorce et n'avoir laissé que le jaune; il faut que le morceau d'écorce porte environ six centimètres de long sur deux de large ou, pour mieux dire, l'écorce de la moitié d'un citron. On fait quelquefois du sucre de pomme en y ajoutant une décoction de pommes que l'on obtient en faisant bouillir des pommes de reinette coupées par petits morceaux dans très peu d'eau ; quand les pommes sont bien cuites, on les jette sur un tamis de soie ou sur une serviette, il faut mettre un demi-verre de cette décoction pour une livre de sucre et mettre la décoction quand le sucre est cuit au cassé et le laisser recuire jusqu'au cassé ; mais ce sucre est toujours poisseux et ne peut se garder que dans du papier de plomb. Pour tout le reste, faire comme pour le caramel à la vanille, seulement le cuire un peu moins, au lieu du grand cassé, le cuire au cassé ; souvent ce sucre se roule en bâton.

CHAPITRE IV.

Conserves mattes.

Vous prenez une livre de sucre que vous faites fondre sur le feu dans un tiers de litre d'eau filtrée ; vous le faites cuire au petit boulet, et même pour la conserve coulée en caisse, il ne faut le cuire qu'à la glu. Vous y ajoutez le parfum que vous désirez, le retirez de dessus le feu, le laissez refroidir un instant ; ensuite vous frottez les parois de votre poêlon avec une spatule, vous verrez alors que votre sucre blanchira à mesure que vous le travaillez; ce qui s'appelle grainer; vous remuez votre sucre dans tous les sens, pour qu'il graine également; aussitôt qu'il a une teinte blanche, vous pouvez le verser soit sur un marbre, soit dans des caisses en papier, soit dans l'amidon.

Ceci n'est que préliminaire: je vais expliquer ce qu'il faut faire à chaque goût différent ou chaque forme différente; avec ce genre de sucre on peut faire un grand nombre de bonbons, et généralement assez faciles à faire.

Conserves mattes à la fleur d'orange nouvelle ou pralinée.

Vous mettez une livre de sucre dans un poêlon, vous y joignez un tiers de litre d'eau filtrée, vous mettez le tout sur le feu; quand votre sucre est fondu et écumé, vous jetez dedans une poignée de fleur d'oranger, que vous avez eu soin de préparer à l'avance de la manière suivante:

Vous prenez pour la quantité de sucre marquée plus haut une grande poignée de fleur d'orange, vous l'épluchez fleur par fleur, en ne mettant que les pétales: vous les jetez au fur et à mesure dans de l'eau fraiche; quand vos fleurs sont épluchées et jetées dans l'eau, vous pouvez mettre votre sucre sur le feu; pendant qu'il fond et qu'il écume, vous froissez vos fleurs le plus possible, en les pressant avec force dans vos mains et toujours dans l'eau, ce qui casse le filet qui se trouve tout le long et au milieu de la fleur. Cette opération se fait pour empêcher que les fleurs ne se raccornissent; aussitôt que votre sucre est fondu, qu'il bout et qu'il est écumé, vous retirez vos fleurs d'oranger de l'eau, en les pressant fortement pour en extraire l'eau ; vous les jetez dans votre sucre ; quand vous voyez que votre sucre est cuit au soufflé, vous le retirez de dessus le feu pendant cinq minutes, alors vous voyez que vos fleurs d'orange, qui étaient blanches, deviennent transparentes ; aussitôt qu'elles sont toutes bien claires, vous remettez votre sucre sur le feu, et le faites cuire à la glu, cuite que vous reconnaîtrez aussitôt qu'il s'attachera du sucre à votre doigt en le trempant dans le sucre après l'avoir mouillé et en le trempant dans l'eau. (Voyez pour plus de détails sur cette cuite aux cuites du sucre, page   ).

Ainsi donc, quand votre sucre est cuit, comme je viens de dire, à la glu, vous le retirez de dessus le feu, le laissez refroidir un instant, vous en verserez environ la moitié dans votre poêlon à pastilles, et laisserez le reste dans le poêlon où le sucre aura cuit, et le laissez auprès du feu, pour qu'il se tienne chaud, il faut avoir soin qu'il ne bouille pas.

Vous faites blanchir votre sucre en frottant les bords de votre poêlon à pastille avec une spatule ou une cuiller d'argent. Aussitôt que vous voyez que votre sucre blanchit, ou pour mieux dire, qu'il graine, vous le faites tomber sur une plaque de fer blanc ou sur une feuille de papier, en se servant d'un couteau comme pour les pastilles, seulement en ayant soin de faire tomber à chaque fois un peu de fleur d'orange; quand vous avez coulé tout le sucre qui est dans votre petit poêlon, vous verrez dedans le reste de votre sucre qui était dans un autre poêlon auprès du feu, et vous recommencez la même opération de le faire grainer et de le couler.

Ces pastilles se coulent ordinairement plus larges que les pastilles rafraîchissantes.

Si vous n'avez pas de poêlon à pastille, vous pouvez faire de même avec tout autre poêlon, seulement c'est moins commode; si vous ne vous sentiez pas capable de pouvoir les couler en pastilles, vous pouvez faire une grande caisse en papier, la poser sur un marbre; alors au lieu de diviser votre sucre en deux pour le faire blanchir et le couler, vous l'apprêtez tout d'une fois et dans le poêlon où vous l'aurez fait cuire; quand votre sucre blanchira, vous le versez dans votre caisse en papier: quand vous verrez que votre sucre est froid et qu'il commence à durcir, vous le coupez avec la pointe d'un couteau en carré long de la longueur de cinq centimètres sur deux centimètres de large ou toute autre forme qui vous conviendrait mieux.

Pour enlever votre sucre du papier, il faut mouiller légèrement le papier avec une éponge ou un linge, et casser vos carrés tels que vous les aurez marqués, et les mettre sur un tamis; quand vous versez vos pastilles, si votre sucre venait à être trop dur pour pouvoir le couler, il faudrait mettre une goutte d'eau et le faire chauffer un peu, seulement pour pouvoir le couler, et le remuer avant pour qu'il graine ; sans cela, il ne sécherait pas ; mais il faut tâcher d'éviter cet inconvénient en les coulant aussi vivement que possible, et en ne faisant pas trop grainer son sucre avant de le couler.

Ce bonbon, comme je viens de l'indiquer, ne peut se faire que dans la saison de la fleur d'orange fraîche ; mais voici comme on peut la remplacer pendant toute l'année ; quand votre sucre bout, vous jetez dedans une once de fleur d'orange pralinée pour les proportions d'une livre de sucre, et vous laissez cuire votre sucre à la glu ; quand il est cuit, vous le retirez de dessus le feu, le laissez refroidir un instant, le faites grainer, comme j'ai indiqué pour l'autre recette, et vous ferez pour tout le reste de la même manière. On pourrait même mettre la fleur d'orange pralinée tremper une heure d'avance en la mettant dans un verre avec un peu d'eau dessus.

Conserve matte au café.

Vous faites du café à l'eau comme pour les caramels au café. Vous faites fondre votre sucre dans le café à l'eau en place d'eau ; quand votre sucre est fondu, vous le faites cuire à la glu ; quand il est cuit, vous le retirez de dessus le feu, et le laissez refroidir un instant ; ensuite vous le faites grainer en frottant les bords de votre poêlon avec une spatule ou une cuiller d'argent.

Quand vous voyez qu'il blanchit, vous le versez dans une grande caisse en papier que vous aurez préparée à cet effet ; il faut pour bien faire que le sucre versé dans la caisse ne porte que deux lignes d'épaisseur ; vous le coupez quand il est froid et un peu dur, ou pour mieux dire, vous le marquez avec un couteau, en lui donnant la forme qui vous plaît le mieux, mais suivant moi, le carré long est la forme qui va le mieux à ce genre de bonbon.

Vous pouvez avoir des petites caisses en papier que vous faites vous-même en plissant des ronds de papier autour d'une pièce de monnaie, ou que vous pouvez vous procurer chez moi ou chez tous les marchands de ronds d'assiettes ; alors vous coulez votre conserve dans les caisses, les caisses ordinairement sont de différentes couleurs, ce qui fait des bonbons très élégants.

Vous pouvez encore vous procurer de l'amidon en poudre, que vous aurez soin de bien faire sécher avant de vous en servir en le laissant pendant plusieurs jours dans une étuve ou dans tout autre endroit chaud. Vous le mettrez dans une boîte qui ne soit pas très creuse, afin qu'il en tienne moins ; une boîte portant un pouce d'épaisseur suffit. Je ferais mieux de dire de profondeur, car ordinairement une boîte à amidon est une espèce de tiroir composé d'une planche qui forme le fond, et sur laquelle sont cloués quatre autres petites planches d'un pouce à 14 lignes de hauteur, et qui forment les bords. Si vous n'aviez pas de boîte, vous pourriez la remplacer par tout autre objet tel qu'un plat d'argent, ou même une assiette creuse, il faut avant que d'imprimer dans l'amidon, avoir soin de passer dessus une règle ou un rouleau pour que la surface en soit unie ; vous imprimerez dans votre amidon les différents modèles que vous voudrez reproduire en sucre, tels qu'une amande, le bout d'un œuf ou toute autre chose imitée d'abord en plâtre, et que vous imprimez dans votre amidon avec soin, de peur de faire tomber l'amidon, ce qui empêcherait que vos modèles fussent bien reproduits. Il faut avoir soin que le modèle que vous imprimerez dans l'amidon soit bien sec, sans quoi l'amidon s'attacherait après. Si en imprimant un modèle, l'amidon s'attachait après, il faudrait le chauffer un peu, ou pour mieux dire, chauffer le modèle. Quand une fois vos planches sont imprimées, et que votre sucre est près, ou pour mieux dire, qu'il commence à grainer vous le coulez dans les différents modèles que vous aurez marqués, et ils seront reproduits en sucre.

Vous ne sortirez votre sucre de l'amidon que quand il sera bien froid et un peu dur ; quand vous tirez vos bonbons, vous les mettez sur un tamis, et vous soufflez dessus avec un soufflet pour en faire partir l'amidon ; quand vous avez soufflé d'un côté, vous retournez vos bonbons et les soufflez de l'autre ; s'il restait encore de l'amidon après vos bonbons, vous pourriez les brosser légèrement avec une brosse douce.

Conserve matte au chocolat.

Vous mettez une livre de sucre dans un poêlon avec un tiers de litre d'eau; vous le faites fondre sur le feu et vous le faites cuire; pendant qu'il cuit, vous faites dissoudre trois tablettes de chocolat que vous aurez râpé et mis sur un feu très doux avec un peu d'eau et en ayant soin de ne mettre que très peu d'eau à la fois, afin que votre chocolat ne fasse pa de grumeau. Si vous pouvez vous procurer du cacao broyé ou chocolat sans sucre, c'est bien préférable pour l'emploi. Quand votre chocolat est dissous, vous le mettez dans votre sucre qui est sur le feu, et vous le laissez cuire à la glu; quand votre sucre est cuit, vous le retirez de dessus le feu, le laissez refroidir un peu, et l'employez de même que pour les conserves au café.

Conserve matte à la vanille.

Il suffit pour faire de la conserve matte à la vanille, de faire fondre son sucre, toujours dans les mêmes proportions: un tiers de litre d'eau pour une livre de sucre et de mettre, aussitôt que le sucre bout, le quart d'un bâton de vanille que vous laissez dans le sucre, jusqu'à ce qu'il soit cuit; vous le laissez cuire jusqu'à la glu; aussitôt qu'il a atteint cette cuite, vous le retirez de dessus le feu et vous retirez le bâton de vanille ; vous laissez le sucre refroidir un peu et l'employez comme dans les recettes précédentes, ou pour mieux dire, comme la conserve au café. Il faut avoir soin, en faisant cuire ce sucre, d'éponger les bords du poêlon, car les grains qui tomberaient dans le sucre le feraient grainer trop vîte, et votre conserve ne serait pas lisse, chose à laquelle on doit tenir, car c'est là sa beauté.

Conserve matte à la liqueur.

Pour faire de la conserve matte soit au kirsch, soit au rhum, soit au marasquin, il faut faire cuire son sucre jusqu'au boulet et le retirer de dessus le feu ; quand votre sucre est retiré, vous versez dans le sucre la liqueur dont vous voulez lui donner le goût, vous en mettez jusqu'à ce que votre sucre soit décuit jusqu'à la glue ; vous aurez soin de remuer votre poêlon en mettant votre liqueur pour la faire mêler avec le sucre. Si on remuait le sucre dans le poêlon avec une spatule ou toute autre chose, on ferait grainer le sucre tout de suite, et il ne remplirait pas le même but. Si vous versiez votre liqueur dans votre sucre quand il est sur le feu, le parfum de la liqueur s'évaporerait et votre sucre n'aurait aucun goût.

Quand votre sucre est décuit à la glue, vous l'employez comme pour tous les autres bonbons en conserves. On peut faire des conserves mattes de différentes couleurs : le café et le chocolat portent leur couleur avec eux ; mais, pour des roses ou des bleus, on trouve chez moi des couleurs préparées et avec lesquelles on ne risque pas de faire mal.

Conserve matte à l'orange.

Vous frottez avec une orange sur une livre de sucre pour en obtenir le zeste, vous cassez ce même sucre par morceaux et le mettez dans un poêlon avec un tiers de litre d'eau, et le mettez sur le feu ; vous faites cuire votre sucre au boulet, le retirez de dessus le feu et vous pressez dedans le jus de votre orange en le passant dans un tamis, ce qui doit remettre le sucre à la glue. Comme le jus contenu dans une orange n'est pas toujours de même quantité, il serait plus prudent de passer son jus dans une assiette et de ne mettre que la quantité suffisante pour le décuire jusqu'à la glue, ce que vous pouvez voir en ne mettant pas tout le jus à la fois et prenant la cuite avec votre doigt à mesure que vous mettrez du jus d'orange.

Il faut travailler le sucre comme pour les autres conserves mattes, afin de les faire grainer ; mais comme le jus d'orange graisse le sucre et l'empêche de sécher, vous ne pouvez servir ce genre de conserve qu'en le coulant dans de petites caisses en papier, et en le laissant dedans. Ce bonbon est toujours moelleux et fort délicat. Si on voulait pouvoir couler cette conserve comme les autres, il faudrait ne mettre que très peu de jus d'orange dans le sucre, pas plus d'une cuiller à bouche, cette quantité n'étant pas suffisante pour empêcher le sucre de sécher.

Conserve matte au citron.

Cette conserve se fait de même que celle à l'orange, en employant nécessairement un citron au lieu d'une orange.

Conserve matte moulée.

J'appelle conserve matte moulée les fruits en sucre, les œufs, etc., et généralement tout ce qui est moulé. Pour cette conserve, il faut que le sucre soit cuit au petit boulet avant de le faire grainer, vu que cette conserve a besoin d'être plus dure et qu'elle n'est jamais bien bonne à manger. On ne peut faire cette conserve qu'avec un parfum qui ne graisse pas le sucre, tel que la vanille ou l'eau de fleur d'orange; mais comme ordinairement ce n'est que pour la vue, on n'y met aucun parfum. Pour mouler quelque chose en conserve, il faut mouiller les moules dans lesquelles on veut la couler, en les trempant dans l'eau et les secouant avant de couler son sucre dedans.

Conserve de fleur d'orange grillée.

Pour faire ce bonbon, il faut commencer positivement comme pour les caramels à la fleur d'orange ; mais, pour ne pas faire de renvoi, je vais donner ici la recette en entier.

Vous prenez une livre de sucre en grains, passez au tamis de crin comme pour les pastilles, vous le mettez dans un poêlon, et vous le faites fondre sur le feu sans y mettre d'eau ; vous avez soin de toujours le remuer avec une spatule, car si vous ne le remuiez pas constamment, il brûlerait de suite et serait perdu ; aussitôt qu'il est fondu, vous y ajoutez deux onces de fleur d'orange pralinée, et vous versez de suite dans votre poêlon un verre d'eau bouillante que vous aurez eu soin de faire bouillir d'avance et de tenir auprès du feu le temps que votre sucre aura mis à fondre. Il vaudrait mieux mettre la fleur d'orange et l'eau dans le sucre avant qu'il soit tout à fait fondu que de le laisser fondre trop, car une fois fondu, il brûle de suite et n'est plus bon à rien. Une fois votre eau bouillante dans votre sucre, il est décuit ; vous le laisserez sur le feu jusqu'à ce qu'il soit recuit au fort boulet, vous le travaillerez ensuite comme pour les autres conserves, et le coulerez dans une caisse en papier assez grande pour pouvoir le recevoir de l'épaisseur de deux lignes, et vous le couperez quand il sera froid. Si par hasard il tenait au papier, vous mouilleriez légèrement le dessous de la caisse.

Ce bonbon est très moelleux et a le goût de caramel.

CHAPITRE V.

Conserve soufflée.

Vous prenez un poêlon un peu plus grand que d'ordinaire, vous cassez dedans une livre de sucre, le plus beau que vous pourrez avoir, vous le mouillez avec un tiers de litre d'eau filtrée, vous mettrez le tout sur le feu et le ferez fondre. Quand votre sucre sera fondu et qu'il bouillira, vous aurez soin de l'écumer, alors vous le laisserez cuire jusqu'au cassé en ayant soin de bien éponger les bords de votre poêlon. Pendant que votre sucre cuira, vous mettrez deux cuillerées à bouche, pas trop pleines, de sucre en poudre dans une petite terrine ou une tasse, vous y ajouterez le quart d'un blanc d'œuf, vous travaillerez le tout avec une spatule, ce qui fait une glace; il faut que cette glace soit bien battue. Quand votre sucre est cuit au cassé, vous le retirez de dessus le feu et vous verserez de suite dedans la glace que vous aurez préparée et le remuez vivement avec votre spatule. En faisant cette opération, votre sucre montera comme s'il voulait sortir de votre poêlon, alors le travaillant doucement, il retombera; de suite vous le travaillerez de nouveau jusqu'à ce qu'il remonte une seconde fois; et cette fois, aussitôt que vous verrez qu'il remonte, vous le verserez dans une caisse en papier que vous aurez préparée et posée sur le marbre pour le recevoir. Tant que vous verrez que votre sucre monte dans votre caisse, vous promènerez le cul de votre poêlon au-dessus pour lui porter de la chaleur, ce qui l'empêche de retomber, ensuite vous coupez vos morceaux de conserve avec un grand couteau, le plus mince que vous aurez; comme le sucre est très léger, un couteau épais passerait moins bien dedans et le ferait casser. Ce sucre se détache facilement d'après le papier, mais si par hasard il tenait, vous mouilleriez le papier légèrement.

Réflexions. Si vous versiez votre sucre dans votre caisse la première fois qu'il monte dans votre poêlon, il retomberait de suite et n'aurait pas assez de force pour remonter, ce qui vous ferait une conserve tout à fait plate.

C'est avec cette même préparation que l'on fait les vases en sucre. Vous coulez votre sucre dans vos vases au lieu de les couler dans votre caisse. Il faut avoir soin de bien nétoyer vos moules à vases et de les graisser avec de la bonne huile d'olive ou de l'huile d'amande douce.

Cette conserve n'est pas très bonne à manger, mais elle est très utile pour dresser des assiettes montées et fait un très bon effet. Vous pouvez encore en couler dans de petites caisses en papier, mais il faut se dépêcher de les couler et n'en faire que peu à la fois, c'est-à-dire faire cuire peu de sucre à la fois.

Pour faire de la conserve soufflée rose, il suffit de mettre du carmin dans la glace. Au moment où on la prépare pour la mettre dans le sucre, je ne peux pas déterminer au juste la dose de carmin qu'il faut mettre, vu qu'il n'est pas toujours de la même force, mais il faut que la glace soit rouge, ce qui mettra votre conserve rose.

Soufflé de fleur d'orange.

Pour faire des soufflés de fleur d'orange, le travail est positivement le même que pour les conserves soufflées; il suffit seulement de mettre une once de fleur d'orange pralinée dans la glace royale, au moment où on est pour le verser dans le sucre; tout le reste ne diffère en rien. Cette conserve est meilleure, car la fleur d'orange lui donne un bon goût.

Biscuits à la fleur d'orange,
EN ROND OU EN CAISSE.

Les biscuits à la fleur d'orange sont une espèce de conserve (je dis espèce, vu qu'elle n'est ni conserve matte ni conserve soufflée) dans laquelle on introduit de la fleur d'orange, et qui est moins légère que l'autre. Pour faire ce bonbon, vous mettez votre sucre sur le feu comme pour la conserve soufflée; quand votre sucre est cuit au cassé, vous jetez dedans de la fleur d'orange que vous aurez préparée comme pour la conserve matte à la fleur d'orange, et dans les mêmes proportions.

Vous prenez donc pour une livre de sucre une grande poignée de fleur d'orange, que vous épluchez fleur par fleur en ne prenant que les pétales; vous jetez votre fleur d'orange au fur et à mesure dans de l'eau fraîche. Quand elles sont épluchées et jetées dans l'eau, vous les froissez le plus possible en les pressant avec force dans vos mains, et toujours dans l'eau ; ensuite vous les retirez de l'eau en les pressant fortement dans vos mains pour en extraire l'eau et vous les jetez dans votre sucre, quand vous voyez qu'il est cuit au cassé ; votre fleur d'orange étant mouillée, nécessairement décuira votre sucre, alors vous le laisserez recuire jusqu'au cassé. Quand il aura atteint cette cuite, vous le travaillez vivement avec une spatule ; aussitôt que vous voyez qu'il veut monter, vous le coulez soit sur des plaques de fer, blanc, soit sur des feuilles de papier, de la grandeur d'une pièce de cinq francs, et comme votre sucre montera au moment où vous le verserez, vous obtiendrez des bonbons de la forme de gros macarons ; vous pouvez encore les couler dans de petites caisses en papier que vous aurez préparées. Si vous ne voulez pas vous donner la peine de faire des caisses en papier, vous pouvez en faire avec des cartes à jouer en relevant les bords, mais vous retirerez votre bonbon de dedans une fois qu'il sera froid ; si l'on veut que ces bonbons soient plus légers, on peut mettre dans le sucre, au moment où on le retire de dessus le feu, un peu de glace royale préparée comme pour la conserve soufflée, mais il faut en mettre très peu :

pour une livre de sucre, pas plus d'une cuillerée à café.

Fleur d'orange pralinée.

Pour praliner de la fleur d'orange, vous en choisissez qui soit belle, large et blanche, et fraîchement cueillie autant que possible : pour une livre de fleur d'orange telle qu'elle est au moment où elle sort d'être cueillie, vous prenez une livre de sucre et vous la pralinez de la manière suivante :

Vous prenez votre fleur d'orange, vous l'épluchez le plus vivement possible pour qu'elle n'ait pas le temps de jaunir ; à mesure que vous épluchez votre fleur d'orange, vous la mettez dans de l'eau fraîche en l'appuyant de temps en temps pour qu'elle trempe bien, et vous avez soin de la mettre à grande eau et dans un vase un peu grand; quand votre fleur d'orange est ainsi épluchée et mise dans l'eau, vous cassez votre sucre par morceaux, le mettez dans un poêlon un peu grand, avec un tiers de litre d'eau, le mettez sur le feu et le laissez cuire jusqu'au boulet. Pendant que votre sucre cuit, vous froissez votre fleur d'orange autant que possible en la frottant et la pressant avec vos deux mains, et toujours dans l'eau. On fait cette opération pour casser le germe de la fleur d'orange qui se trouve au milieu de la fleur, dans la longueur ; faute de le casser, votre fleur d'orange serait toute raccornie, et au lieu d'avoir conservé toute sa largeur, une fois pralinée, elle serait comme si on l'eût fait sécher au soleil.

Donc, quand votre sucre est cuit au boulet, vous pressez votre fleur d'orange dans vos deux mains pour en extraire toute l'eau, ou du moins le plus possible, et vous la jetez dans votre sucre en la remuant un peu avec une spatule ; nécessairement votre fleur d'orange décuira votre sucre, et votre sucre qui était cuit au boulet, ne se trouvera plus cuit qu'au perlé, et peut-être moins, selon que vous aurez laissé plus ou moins d'eau dans votre fleur d'orange ; alors vous le laisserez recuire en ayant soin de le remuer de temps en temps avec une spatule, de crainte que votre fleur d'orange brûle. Quand votre fleur d'orange aura pris quelques bouillons dans le sucre, ou pour mieux me faire comprendre, quand le sucre aura bouilli une minute ou deux, après que la fleur d'orange aura été mise dedans, vous retirerez votre poêlon de dessus le feu pour que la fleur d'orange devienne transparente ; aussi, une fois le poêlon dehors du feu, vous la verrez s'éclaircir de suite, chose qui n'arriverait pas si on laissait constamment le poêlon sur le feu ; il faut laisser le poêlon hors du feu environ cinq minutes, moins si votre fleur d'orange est claire avant. C'est une remarque que j'ai faite un jour que je pralinais de la fleur d'orange : je fus obligé de me déranger, alors je retirai mon poêlon de dessus le feu, et je fus fort étonné, en revenant pour l'y remettre, de retrouver ma fleur d'orange claire et imbibée de sucre, après l'avoir laissée toute blanche. Comme j'ai vu de suite que ça devait produire un bon effet, je l'ai toujours depuis laissé reposer cinq minutes avant que le sucre entre en cuite, ou pour mieux dire, quand il est au petit perlé.

Aussitôt que vous verrez que votre fleur d'orange est transparente, vous remettrez votre sucre sur le feu et le ferez cuire au petit boulet, en ayant toujours soin de le remuer de temps en temps avec une spatule. Quand il sera cuit au petit boulet, vous le retirerez de dessus le feu, le laisserez reposer un instant, et ensuite le travaillerez avec votre spatule pour le faire sabler, en ayant soin de ne pas casser de fleur d'orange, ou le moins possible; une fois que votre sucre sera sablé, vous renverserez le tout sur un tamis; en remuant un peu le tamis, les grains de sucre qui ne se seront pas pris à la fleur d'orange passeront au travers; vous pouvez garder ce sucre qui vous servira pour plusieurs espèces de petits fours que vous trouverez sur ce livre. C'est pourquoi je fais mettre beaucoup de sucre pour praliner la fleur d'orange, ce qui est plus commode pour le travailler, et ce sucre ne manquera pas de vous être très utile. Quand votre fleur d'orange est pralinée, vous la mettez à l'étuve ou dans un endroit sec.

Violette pralinée.

Rien n'est plus simple à faire que la violette pralinée, et en même temps c'est un bonbon très délicat.

On fait la violette pralinée de deux manières, selon que l'on est à même de se procurer des violettes. Si vous êtes dans un pays où la violette ne soit pas rare, et que vous puissiez vous en procurer facilement et à bon compte, vous ne prendrez que les feuilles de la fleur de violette, ou pour mieux dire, en l'épluchant comme la fleur d'orange (1).

Si la violette est plus rare, il ne faut retirer que la queue et mettre la fleur tout entière, mais la manière de la praliner est toujours la même et telle que je vais l'indiquer :

Pour plein une assiette de fleur de violette, vous prenez une demi-livre de sucre que vous faites fondre dans un sixième de litre d'eau en le mettant sur le feu dans un poêlon, et le laissez cuire au petit boulet; quand votre sucre est cuit, vous mettez vos violettes dedans, leur laissez prendre un bouillon et retirez votre poêlon de dessus le feu, et travaillez votre sucre jusqu'à qu'il tombe en sable; une fois sablé, vous jetez le tout sur un tamis et vous secouez le tamis pour faire tomber tous les grains de sucre qui ne sont pas attachés à la violette; vous garderez ce sucre qui pourra vous servir en remplacement de sirop de violettes en le mettant avec de l'eau chaude.

(1) Il ne faut pas mouiller la violette en l'épluchant; on l'emploie à sec.

Pistache pralinée.

Vous prenez une livre de sucre que vous faites fondre dans un poêlon avec un tiers de litre d'eau filtrée ; quand votre sucre est fondu et qu'il bout, vous l'écumez et le laissez cuire au fort boulet ; quand il a atteint cette cuite, vous mettez dedans une demi-livre de pistaches que vous aurez triées pour ôter celles qui seraient véreuses. Il faut goûter les pistaches avant de les employer, car souvent elles paraissent belles et sentent un goût de rance ; c'est à quoi il faut faire bien attention, car ce goût est très désagréable et se trouve souvent dans les pistaches.

Sitôt qu'elles seront dans votre sucre, vous le retirerez de dessus le feu et le travaillerez avec une spatule pour le faire sabler ; quand votre sucre est sablé, vous versez le tout sur une grille ou sur toute autre chose, tel qu'un crible ou une passoire à gros trous, pour que le sucre qui n'est pas pris après les pistaches puisse passer à travers, et les pistaches rester dedans.

Si vous n'aviez rien pour pouvoir séparer vos pistaches d'avec le sucre en grain, vous mettriez le tout sur une grande feuille de papier et vous les sépareriez à la main, en mettant vos pistaches dans un tamis ou tout autre objet, et votre sucre dans votre poêlon. Cette séparation une fois faite, vous mettez un peu d'eau avec le sucre qui est dans votre poêlon, environ un verre, et le mettrez sur le feu en ayant soin de faire tomber avec votre spatule le sucre qui tient aux parois de votre poêlon. Quand le sucre sera fondu, vous le laisserez cuire encore jusqu'au fort boulet; vous le retirerez de dessus le feu, quand il aura atteint cette cuite et jeterez vos pistaches dedans de nouveau et recommencerez à le faire sabler, en le remuant avec votre spatule.

Cette fois, elles doivent avoir pris presque tout le sucre. Vous les verserez de nouveau sur votre feuille de papier et les trierez; elles doivent être finies, mais si vous ne les trouviez pas assez grosses, vous pourriez prendre le sucre qui vous resterait et en ajouter un peu d'autre, le faire refondre et cuire de même au fort boulet, et opérer de la même manière que pour la façon précédente. Ceci ne pourrait guère arriver que dans le cas où vos pistaches n'auraient pris que très peu de sucre à la seconde façon, ou que vous désireriez les avoir très grosses.

Comme il reste presque toujours un peu de sucre, vous pouvez le mettre de côté, et il pourra vous servir pour faire des pralines ou toute autre chose qui n'aurait pas besoin d'être bien blanc.

Il faut prendre pour praliner vos pistaches du sucre de première qualité, vu qu'il faut que ce bonbon soit très blanc pour être beau.

Des pralines.

La praline est un des plus anciens bonbons et un

de ceux qui seront toujours de mode : tant qu'il y aura des amandes et du sucre on mangera des pralines. Il y a quelques années encore, je ne connaissais qu'une manière de faire des pralines ; cette manière est celle qu'emploient les confiseurs et généralement tous ceux qui font des bonbons. On me montra alos des pralines fabriquées par un des plus célèbres officiers de notre époque ; je reconnus ses pralines bien supérieures à celles que l'on sert partout et à celles que je faisais moi-même ; je résolus de faire tout mon possible pour en obtenir de semblables, et après plusieurs essais infructueux, je suis parvenu à les imiter parfaitement, tant pour le goût que pour la forme. J'ignore comment les fabriquait l'inventeur, mais ma manière de les faire est très simple et très facile à exécuter.

J'ai donné à ces pralines le nom de pralines de dessert, je me glorifie de les avoir imitées, mais je laisse l'honneur de l'invention à M. E......

Je décrirai donc deux sortes de pralines : les pralines ordinaires et les pralines de dessert.

Pralines ordinaires.

Vous prenez une livre et demie de sucre que vous cassez dans un grand poêlon, vous le mouillez avec un demi-litre d'eau, vous mettez le tout sur le feu ; faites fondre le sucre et laissez-le cuire au petit boulet. Pendant qu'il cuit, vous prenez une livre de belles amandes que vous triez pour retirer celles qui sont gâtées ou cassées, et vous les goûtez pour vous assurer qu'elles n'ont pas le goût de rance ; ensuite vous les frottez dans vos mains pour en faire détacher la poussière, et les jetez sur un tamis pour que la poussière passe au travers en remuant un peu le tamis. Aussitôt que votre sucre sera cuit au petit boulet, vous jetez vos amandes dedans et vous laissez le tout sur le feu jusqu'à ce que vos amandes pètent en ayant soin de les remuer de temps en temps avec une spatule ; quand vous entendrez vos amandes péter, vous retirerez votre poêlon de dessus le feu et laisserez refroidir votre sucre une seconde et le travaillerez ensuite avec votre spatule pour le faire sabler, en ayant soin de ne pas casser les amandes ou le moins possible. Pour ne pas casser les amandes, il faut avoir soin que la spatule ne quitte pas le fond du poêlon et de la couler toujours le long des bords quand on la met dans le sucre. Quoique j'aie marqué plus haut qu'il fallait laisser refroidir son sucre un peu avant de le travailler ; cette règle n'est pas sans exception, car si votre sucre au moment où vous le retirez de dessus le feu avait l'air de vouloir grainer, il faudrait le travailler de suite. Donc, aussitôt que votre sucre est sablé, vous renversez votre poêlon sur une petite grille pour que le sucre passe au travers et que les amandes restent dessus. Si vous n'avez ni grille, ni crible, ni rien qui puisse les remplacer, vous verserez ce qui est dans votre poêlon sur une grande feuille de papier et vous séparez à la main les amandes d'avec le sucre. Quand cette opération est terminée, vos amandes sont ce que l'on appelle mises au sucre, alors il faut les griller ; vous commencez par retirer autant que vous pouvez le sucre qui est resté attaché à votre poêlon en le faisant tomber avec votre spatule et vous mettez ce sucre avec celui que vous avez séparé d'avec vos amandes ; ensuite vous mettez vos amandes dans votre poêlon et mettez votre poêlon sur un feu très doux ; si votre feu était trop ardent, vous mettriez dessus une pellerée de cendres ; vous remuerez constamment vos amandes dans votre poêlon avec votre spatule jusqu'à ce que vous voyez qu'elles sont assez grillées. On fait cette opération pour que les amandes soient plus sèches et qu'elles prennent un goût de grillé, mais il ne faut pas qu'elles le soient trop ; si le feu était trop ardent vos amandes brûleraient et ne seraient plus bonnes ; il faut même tâcher d'éviter que le sucre qui fond du tour de votre poêlon ne vienne pas en caramel ; donc, quand vous voyez que vos amandes sont assez grillées, vous mettez dedans une petite poignée de votre sucre en grains, en les retirant de dessus le feu et les remuant toujours avec votre spatule et vous les renverserez sur votre grille ou dans un tamis, vous couvrez vos amandes avec un torchon propre pour qu'elles se tiennent chaudes ; quand cette opération est terminée, vos pralines sont grillées, il faut leur faire prendre le sucre pour les couvrir ; cette opération se fait en deux fois, vous commencez donc par séparer votre sucre en deux parties égales, vous en mettez une partie qui forme la moitié dans votre poêlon avec un peu d'eau pour le faire fondre, vous le mettez sur le feu et le faites cuire au cassé; quand il est cuit, vous jetez vos amandes dedans et les remuez avec votre spatule comme la première fois, pour faire sabler le sucre ; aussitôt que le sucre est sablé, vous versez le tout sur votre grille et vous la remuez pour faire passer le sucre au travers ou vous les séparez à la main, comme en les mettant au sucre. Cette opération faite, vous la recommencez en prenant tout le sucre qui vous reste, le mettant dans votre poêlon avec un peu d'eau; vous le mettez sur le feu et faites cuire le sucre de même au cassé; quand il est cuit, vous mettez vos amandes dedans et le travaillez de suite et de la même manière que la fois précédente. Cette fois vos amandes doivent avoir pris tout le sucre et il ne reste plus qu'à les glacer.

Il faut donc, comme je viens de l'indiquer, donner à vos amandes deux façons après qu'elles sont grillées et chaque fois cuire le sucre au cassé; il faut se donner bien de garde que le sucre soit plus cuit à la seconde façon qu'à la première, car s'il était plus cuit, il ferait tomber le sucre qui se serait pris aux amandes à la première façon et vos amandes seraient toutes découvertes, il y a moins d'inconvénient à ce que le sucre soit un peu moins cuit à la seconde façon.

Ainsi donc, quand vos amandes ont été mises au sucre, qu'elles ont été grillées et qu'elles ont eu leurs deux façons, elles doivent avoir pris tout le sucre, et il ne reste plus qu'à les glacer, ce que vous ferez en opérant de la manière que je vais vous indiquer. Vous prenez la valeur d'un demi-verre d'eau que vous mettez dans votre poêlon et vous le mettez sur le feu jusqu'à ce que l'eau bouille; quand l'eau bout, vous remuez votre poêlon pour que l'eau enlève le sucre qui était resté attaché au poêlon, ensuite vous versez cette eau qui est devenue du sirop dans un petit pot ou dans un verre, vous mettez vos pralines dans votre poêlon et vous versez tout doucement dessus cette même eau qui vous a servi à dégraisser votre poêlon.

A mesure que vous la versez sur vos pralines, vous les faites sauter dans votre poêlon pour qu'elles puissent se mouiller toutes ; faites bien attention que ce n'est qu'en remuant le poêlon qu'il faut faire sauter les pralines, et ne pas les remuer avec la spatule, ce qui les abîmerait. Quand vous voyez que vos pralines sont mouillées, ce qui s'appelle glacées, vous les renversez sur votre grille ou sur un tamis et les laisserez dans un endroit sec environ une demi-heure.

Quant au parfum que vous voudrez donner à vos pralines, rien n'est plus simple. Si vous voulez que vos pralines soient à la fleur d'orange, quand vous mettez votre demi verre d'eau dans votre poêlon pour le dégraisser et glacer ensuite vos pralines, au lieu de ne mettre que de l'eau, vous mettez moitié eau et moitié eau de fleur d'orange et même tout eau de fleur d'orange si elle n'est pas très forte ; de même vous mettez de l'eau de rose si vous voulez que vos pralines soient à la rose ; mais le meilleur parfum pour les pralines, c'est la vanille.

Pour donner le goût de vanille à vos pralines, il faut mettre dans votre sucre, la première fois que vous le mettez sur le feu, la moitié d'un bâton de vanille que vous remettrez dans le sucre à chaque fois que vous le remettrez sur le feu, et même dans l'eau que vous mettrez à la fin pour dégraisser votre poêlon et pour glacer vos pralines.

Si vous employez de l'essence de vanille, vous n'avez besoin de la mettre qu'avec votre eau pour glacer vos pralines et ne la mettre qu'après que vous aurez retiré votre eau de dessus le feu, il ne faut pas que l'essence aille sur le feu.

Il faut, quand on fait des pralines, travailler le plus vivement possible pour que les amandes n'aient pas le temps de refroidir d'une façon à l'autre, vu que quand elles sont froides elles prennent moins bien le sucre.

Pralines de dessert.

Ces pralines, malgré leur supériorité pour la qualité, sont, en quelque sorte, plus faciles à faire que les autres, le travail en est moins long et plus simple.

Vous prenez une livre d'amandes les plus belles et les meilleures que vous pourrez vous procurer, vous les triez encore pour retirer celles qui se trouveraient cassées, vous frottez vos amandes dans vos mains et vous les jetez sur un tamis pour que la poussière, en remuant le tamis, passe à travers, ensuite pour finir d'enlever le reste de la poussière, vous frottez vos amandes dans un torchon blanc ou une serviette, en les mettant, bien entendu, toutes ensemble dans le torchon ou la serviette.

Quand vos amandes sont ainsi préparées, vous les mettez dans un petit brûloir à café et vous les faites griller comme du café sur un feu très doux; vous les faites griller jusqu'au point où vous voyez que vos amandes commencent à jaunir dans l'intérieur, ce que vous voyez en en cassant une de temps en temps. Aussitôt que vous verrez vos amandes commencer à jaunir, ou pour mieux dire à être grillées, vous retirez de suite votre brûloir de dessus le feu, car une fois à ce point l'amande n'est pas longtemps à devenir noire, chose qu'il faut éviter, mieux vaudrait qu'elle ne soit pas tout à fait assez grillée.

Avant de faire griller vos amandes, vous cassez dans un grand poêlon une livre et demie de sucre que vous mouillez avec un demi-litre d'eau, vous y joignez un demi-bâton de vanille et vous mettez le tout sur le feu. C'est pendant le temps que votre sucre cuit au cassé que vous faites griller vos amandes, en mettant votre sucre sur le feu au moment où vous commencez à tourner votre brûloir pour faire griller vos amandes. Le sucre doit être cuit au cassé au moment que vos amandes sont assez grillées, si vos amandes se trouvaient grillées avant que votre sucre ait atteint la cuite du cassé, chose qui arrive souvent, vous retireriez votre brûloir de dessus le feu et vous laisseriez vos amandes dedans pour qu'elles se tiennent chaudes jusqu'à ce que votre sucre soit cuit. Aussitôt que votre sucre sera cuit, vous jeterez vos amandes dedans et les laisserez une seconde dans le sucre avant de le retirer de dessus le feu ; ensuite vous retirez votre poêlon de dessus le feu et vous travaillerez votre sucre avec votre spatule pour le faire grainer ou pour dire mieux le faire sabler. Quand votre sucre sera sablé, vous renverserez votre poêlon sur une petite grille ou sur un crible pour que le sucre passe à travers et que les amandes restent dessus; si vous n'avez ni grille, ni crible, ni rien qui puisse les remplacer, vous versez le tout sur une grande feuille de papier et vous triez à la main les amandes pour les retirer de dedans le sucre; quand vos amandes sont séparées du sucre, vous remettez tout votre sucre dans votre poêlon, le mouillez avec un verre d'eau et le laissez cuire au cassé, après avoir remis dans le sucre le bâton de vanille qui doit se trouver avec les amandes.

Quand votre sucre sera cuit au cassé, vous jeterez de nouveau vos amandes dedans et le travaillerez comme la première fois pour le faire sabler ; quand il est sablé, vous versez le tout sur votre grille pour faire passer le sucre qui ne se serait pas attaché à vos amandes, ou vous les triez sur votre feuille de papier, mais cette fois il ne doit pas rester beaucoup de sucre et vous retirez la vanille. Quand vos pralines sont à ce point, il ne reste plus qu'à les glacer, et c'est cette opération qui demande le plus de soin.

Vous prenez six onces de sucre en grains passé au tamis de crin, comme pour les pastilles, vous mettez ce sucre dans votre poêlon avec le sucre qui n'aura pas pris après vos amandes et qui aura passé à travers votre grille, il ne doit pas en rester beaucoup, il serait même possible qu'il n'en restât pas. Vous mettez votre poêlon sur le feu et vous faites fondre votre sucre sans y mettre d'eau, en ayant soin de toujours remuer avec votre spatule pour que votre sucre ne brûle pas, si vous arrêtiez un instant de remuer il brûlerait et serait perdu. Une fois votre sucre fondu, vous retirez votre poêlon de dessus le feu, et vous remuez votre sucre encore un instant avec votre spatule pour le faire blanchir un peu (ce qui l'empêchera de poisser quand il sera sur vos pralines, mais il ne faut pas le travailler trop longtemps, car il refroidirait et ne pourrait plus s'attacher à vos pralines; dix à douze coups de spatule suffisent). Ainsi donc, aussitôt que vous voyez qu'il blanchit un peu, vous jetez vos pralines dedans et vous les remuez avec la spatule vivement pour qu'elles prennent toutes un peu de ce sucre ; quand vous verrez qu'elles en ont toutes pris un peu et qu'elles ne peuvent plus être remuées dans le poêlon, vous les verserez sur un marbre ou sur une table propre : je dois vous avertir que toutes vos pralines se tiendront ensemble, alors tout aussitôt qu'elles seront versées sur le marbre, il faut vous dépêcher de les séparer en les mettant une à une sur le bout du marbre ou de la table ; une fois ainsi séparées, il n'y a plus à craindre qu'elles se rattachent ensemble, vous pouvez les mettre dans un tamis. Ces pralines sont très sèches et d'un goût excellent et sont ordinairement bien préférées aux autres pralines.

En faisant les pralines telles que je viens de l'indiquer, elles seront grises, mais pour les avoir roses, il faut, au moment où l'on met le sucre sur le feu en commençant, mettre dedans un peu de carmin, il faut en mettre très peu, car rien n'est plus vilain que des pralines trop rouges.

Quand on est pour faire des pralines il faut apprêter d'avance tout ce dont on peut avoir besoin, car c'est un ouvrage qui demande à être fait le plus vivement possible. Les poêlons les plus propices pour faire des pralines sont ceux qui ont le fond pointu, ou autrement dit appelés cul-de-poule ; une petite bassine à prendre les blancs d'œufs est ordinairement ce que l'on peut prendre pour faire des pralines ; faute de ceux-là, on peut se servir d'un poêlon ordinaire, mais c'est moins commode et l'on est plus sujet à casser les amandes.

Des Sucres tors.

On appelle sucre tors le sucre cuit au cassé et travaillé ensuite pour faire des berlingots, soit des tresses, soit des rubans et même des gerbes en sucre. Tous les sucres tors se font de la même manière, quelle que soit la forme que l'on veuille leur donner :

une fois que le sucre est travaillé, ou à quelque parfum qu'on veuille les mettre, il n'y a pas exception autre que celui au café qui ne se fait pas cuire de même, mais la manière de le travailler une fois cuit ne diffère en rien des autres.

Sucre tors.

Vous prenez une livre de sucre que vous laissez dans un poêlon et le mouillez avec un tiers de litre d'eau filtrée, ensuite vous mettez votre poêlon sur le feu et faites cuire votre sucre au grand cassé. Pendant que votre sucre cuit, vous nétoyez votre marbre et vous le graissez légèrement avec un peu de bonne huile d'olive; il faut, quand votre sucre commence à bouillir, mettre dedans trois gouttes de jus de citron ou trois gouttes de vinaigre, ce qui empêche votre sucre de grainer et le fait blanchir, ou du moins l'empêche de jaunir en cuisant. Il faut aussi, pendant que le sucre bout, avoir bien soin d'enlever les grains de sucre qui se formeront aux parois de votre poêlon, on les enlève avec une petite éponge mouillée ou le coin d'une serviette également mouillée, il faut recommencer cette opération plusieurs fois pendant le temps que le sucre est sur le feu, car ces grains se détachant de votre poêlon tomberaient dans le sucre et le feraient grainer quand vous le verseriez sur le marbre, et vous n'auriez pas le temps de le travailler pour le faire blanchir. Ainsi quand vous avez pris toutes ces précautions et que votre sucre est cuit au grand cassé, vous le versez sur le marbre à la place que vous aurez huilée et sans attendre qu'il refroidisse, vous relevez les bords de votre sucre sur le milieu et vous les travaillez avec vos deux mains en tirant les deux extrémités et les remettant ensemble et toujours de même sans s'arrêter, jusqu'à ce que votre sucre soit devenu d'un beau blanc reluisant.

Je ne peux pas vous préciser positivement le point où votre sucre sera assez travaillé, vous le verrez vous-même en le travaillant, il ne faut pas le travailler jusqu'à ce qu'il soit dur, car vous ne pourriez plus en rien faire, il ne faut pas avoir les mains tendres pour faire cet ouvrage, car le sucre chauffe tellement les mains que souvent on est forcé de le reposer sur le marbre. Quand vous voyez que votre sucre est blanc, ou pour mieux dire, qu'il n'est plus transparent, vous en gardez un morceau que vous alongez de la grosseur du petit doigt et aussi long que votre morceau de sucre vous le permettera, ensuite vous le couperez par petits carrés avec des ciseaux. Ce genre de bonbons s'appelle Oreillé ou Caraïbe.

Pendant le temps que vous alongerez et couperez ce morceau de sucre, vous ferez tenir par quelqu'un le reste de votre sucre au-dessus du feu, il faut que la personne qui tient le sucre au-dessus du feu le tienne le plus près que la chaleur pourra lui permettre et en ayant soin de toujours le tourner dans ses mains pour qu'il soit présenté au feu également. Quand vous avez fini de couper le morceau de sucre que vous avez gardé, vous en reprenez un autre et vous continuez ainsi de suite jusqu'à ce que tout soit coupé, si le sucre ne devient pas trop dur avant que vous ayez fini, ou s'il ne graine pas.

On peut faire des nattes avec ce sucre en prenant un morceau moins gros et l'alongeant de la grosseur d'un bâton de vanille et ensuite le cassant en deux, on peut faire avec des nattes en trois ou en quatre, mais il faut se tenir au-dessus du feu et se dépêcher. On peut encore faire avec ce sucre des rubans en mettant deux morceaux de sucre de différentes couleurs à côté l'un de l'autre et se tenant au dessus du feu et les roulant ensemble le plus plat possible, en appuyant avec le pouce sur des petits bâtons préparés à cet usage ou sur des manches de cuillères en bois que l'on a soin de tremper avant dans la farine. Il faut pour faire ce travail qu'une autre personne, à mesure que vous tournez vos rubans, les détache de dessus les bâtons et les pose sur le marbre et retrempe les bâtons dans la farine avant de vous les redonner.

Pour faire des gerbes, il faut, quand on travaille ce sucre, le travailler jusqu'à ce qu'il se sépare naturellement par le milieu ; une fois qu'il est séparé, vous remettez les deux bouts, que vous tenez dans les mains, à côté l'un de l'autre, et le laissez pendre jusqu'à ce que votre sucre soit froid; quand il est froid, vous le retournez en mettant le bas en haut et votre sucre a la forme d'une gerbe que vous pouvez mettre sur la table, au milieu des fleurs, dans un vase.

Il faut une grande intelligence pour pouvoir faire ces sortes de bonbons sans les avoir vu faire ; mais si on ne réussissait pas, le sucre ne serait pas perdu, il peut servir à faire des pralines ou tous autres bonbons qui n'ont pas besoin d'être bien blancs ; il arrive quelquefois que votre sucre graine en le travaillant et qu'il tombera en sable, vous pouvez le faire refondre en le mouillant avec un peu d'eau et le faire recuire pour le même emploi, ou le garder comme je viens de le dire pour tout autre bonbon.

Si vous avez mis trois gouttes de vinaigre dans votre sucre, et qu'il graine en le travaillant, si vous faites cuire du sucre du même pain pour le même travail, vous en mettrez six gouttes ; mais si vous faites refondre et cuire celui qui aura grainé, vous n'en mettrez que trois, ce qui fera toujours six avec les trois gouttes que vous aurez mises la première fois. Il y a des sucres qui, quand bien même on ne mettrait pas d'acide, ne grainent jamais, et d'autres où il faut en mettre beaucoup pour les empêcher de grainer ; on ne peut guère voir cela qu'à l'emploi ; plus un sucre est de bonne qualité et plus il est sujet à grainer, un sucre qui est usé et creux ne graine presque jamais. Si vous voulez que vos bonbons soient à la vanille, vous mettez un petit morceau de vanille dans votre sucre au moment où vous le mettez sur le feu, et vous le retirez quand votre sucre est versé sur le marbre, en vous servant de la pointe de vos ciseaux ; si vous voulez le faire au citron, vous mettez sur le marbre une goutte d'essence de citron ; si vous voulez les faire roses, **vous** prenez un peu de carmin très épais que vous mêlez avec votre sucre, en le travaillant après qu'il a été coulé sur le marbre ; pour les faire bleus, vous prenez un peu de *bleu à l'eau* que vous mêlez de même avec votre sucre ; quand votre sucre est coulé sur le marbre, vous pouvez en faire de deux ou trois couleurs avec le même sucre ; si vous êtes assez de monde, si vous êtes trois, vous coupez votre sucre en trois morceaux, avec des ciseaux et vous en prenez chacun un morceau que vous travaillez chacun de votre côté, tel que c'est indiqué plus haut : l'un ne mettant rien dans son sucre, l'obtiendra blanc et les deux autres, l'un mettant du carmin et l'autre du bleu, vous aurez de trois couleurs, que vous pouvez remettre ensemble ; une fois votre sucre travaillé, pour faire des rubans ou des tresses ; on peut les couper séparément pour faire les caraïbes ; quoique j'aie marqué ma recette sur les proportions d'une livre de sucre, on peut en faire moins à la fois ; car, le sucre refroidissant très vite, plus on aura de sucre à couper ou à tresser, plus on sera en danger d'en laisser sans être fini, malgré que le sucre ne soit pas perdu, il vaut mieux en faire moins à la fois.

Sucre tors au café.

Vous commencez par faire du café à l'eau : quand votre café est fait, vous cassez une livre de sucre dans un poêlon un peu grand ; car le sucre monte en cuisant, vous versez sur votre sucre deux verres de café à l'eau, vous faites fondre votre sucre et le faites cuire au cassé; quand votre sucre monte dans votre poêlon, vous mettez dedans gros comme une noix de beurre bien frais et vous le faites cuire au cassé en tapant avec votre spatule sur le sucre qui voudra toujours monter, ce qui l'empêchera de répandre; quand votre sucre sera cuit au cassé, vous le verserez sur un marbre que vous aurez nétoyé et huilé légèrement ; une fois sur le marbre, ce sucre se travaille et s'emploie de la même façon que pour les autres sucres tors.

Bonbons fondants.

Pour faire des bonbons fondants, vous cassez une livre de sucre dans un poêlon, vous le mouillez avec un tiers de litre d'eau filtrée et vous le faites cuire au boulet, en ayant soin de bien éponger les bords de votre poêlon pour qu'il ne se forme pas de grains, ce qui ferait grainer votre sucre ; quand il sera cuit, vous mettrez le cul de votre poêlon dans un seau d'eau fraîche et vous secouez votre main, après l'avoir mouillé, au-dessus de votre sucre pour qu'il soit arrosé un peu ; on fait cette opération pour que e sucre ne forme pas une croûte au-dessus en refroidissant ; mais il ne faut pas jeter trop d'eau, il faut seulement que le sucre soit humecté ; quand votre sucre ou du moins le poêlon a resté dans l'eau un peu de temps et que vous voyez qu'il est froid (s'il ne refroidissait pas assez vîte, vous pourriez changer l'eau qui est dans le seau et en tirer de la fraîche) une fois donc que votre sucre sera froid, vous prenez votre poêlon entre vos genoux et vous travaillez le sucre avec une spatule jusqu'à ce qu'il devienne comme du beurre.

Ce travail est très dur à faire et quelquefois assez long, mais il ne peut se manquer; il faut toujours travailler votre sucre jusqu'à ce que vous le voyez tomber en beurre, il serait même possible que vous soyiez obligé de le travailler une demi-heure, il ne faudrait pas que cela vous décourageât; car il faut toujours qu'il arrive à ce résultat.

Il y a une vingtaine d'années, on faisait de ce sucre, que l'on mettait dans des petits pots en grès et que l'on vendait chez les confiseurs en imitation de petits pots de beurre. Ce bonbon était passé de mode, et il n'y a que depuis peu que l'on fait avec cette préparation des petites boules que l'on met au candi et que l'on vend sous le nom de bonbons fondants, après leur avoir donné différents parfums; ainsi donc, une fois votre sucre tombé en beurre, vous pouvez le mettre dans un pot à confiture ou tout autre vase, le couvrir et l'employer quand bon vous semblera; le sucre ainsi préparé, peut se garder très longtemps. pour faire des bonbons pareils à ceux que vendent les confiseurs, vous prenez de votre sucre, vous le roulez en petites boules de la grosseur des billes avec lesquelles les enfants jouent, vous les laissez sécher à l'air sur un tamis et vous les mettez au candi, vous ne les mettez au candi que quand le sucre n'est plus bien chaud, ou pour mieux dire, quand il n'est plus que tiède ; si on les mettait à chaud il fondrait ; mais comme il est presque impossible de faire candir en maison bourgeoise, ou que, du moins, il n'y a que très peu de maisons ou l'on ait les ustensiles pour ce travail, je vais indiquer un moyen plus simple à employer pour finir ce genre de bonbons, qui n'est que commencé quand la pâte est faite.

Avant de faire vos petites boules avec votre sucre, vous vous précautionnez d'avoir du sucre en grains, passé au tamis de crin, ou du sucre râpé ; à mesure que vous faites vos boules, vous les roulez dans ce sucre, ce qui leur fera former une petite croûte tout autour, et vous les laissez sécher ensuite sur un tamis : ce bonbon est très délicat.

Vous pouvez en faire à différents parfums, tels qu'à la vanille, au rhum, au kirch, à la cerise, à l'orange, au citron.

Pour les faire à la vanille, il suffit de mettre dans votre sucre, quand il commence à bouillir, un demi-bâton de vanille et de le retirer quand le sucre est cuit.

Pour les faire au rhum ou au kirch, il faut faire cuire son sucre au cassé et le décuire au boulet, en y mettant son rhum ou son kirch, et en ayant soin de le retirer de dessus le feu avant de mettre la liqueur pour que le parfum ne s'évapore pas.

A la cerise, vous faites cuire votre sucre au cassé et le décuisez au boulet avec du jus de cerise, on peut en faire de même avec du jus d'ananas; pour les faire à l'orange ou au citron, vous mettez dans votre sucre, pendant qu'il cuit, un peu de zeste d'orange ou de citron; vous retirez votre zeste quand le sucre est cuit, et vous y ajoutez un peu de jus d'orange ou de citron; mais il faut en mettre très peu, car le jus graisse le sucre.

Bonbons fondants en caisses.

On peut encore employer ce sucre d'une autre manière : vous préparez d'avance des petites caisses en papier très petites de différentes couleurs, que vous posez sur une table ou sur un marbre, vous prenez votre poêlon à pastilles, ou si vous n'en avez pas, un autre petit poêlon: vous mettez dedans un peu de votre sucre, vous ajoutez avec un peu de sirop de sucre froid, vous ne mettez du sirop que si votre sucre est à la vanille et qu'il n'est pas besoin d'autres parfums, vous mettez votre poêlon sur un feu très doux et laissez chauffer un peu votre sucre en remuant avec une spatule, il ne faut pas qu'il fonde, il faut seulement qu'il devienne un peu liquide pour pouvoir le couler. Ainsi donc, une fois que vous verrez qu'il est assez liquide, vous le coulez dans vos caisses.

Pour ce qui est au rhum ou au kirch, vous ne mettez pas de sirop avec votre sucre pour le faire chauffer, vous mettez seulement un peu de rhum ou de kirch, comme cela ne fait que chauffer très peu et que cela ne bout pas, il n'y a pas à craindre que le spiritueux s'évapore.

Pour ceux à l'orange ou au citron, vous mettez un peu de jus d'orange ou de citron, mais très peu pour que votre sucre puisse se sécher, de même pour ceux à la cerise, un peu de jus de cerise.

Ce bonbon, ainsi coulé en caisse, ne devient jamais bien dur et est très moëlleux.

Des bonbons en chocolat.

Il n'est pas bien nécessaire de savoir faire les bonbons en chocolat que je vais indiquer, lorsque l'on reste à Paris ou dans une ville où il y a des confiseurs ou des chocolatiers, attendu qu'il faut acheter le chocolat pour faire ces bonbons aussi cher que l'on paie les bonbons eux-mêmes, et l'on n'est pas certain de les faire aussi bien qu'ils le sont chez les marchands; mais à la campagne on a presque toujours du chocolat en tablettes, si on veut dresser des assiettes de bonbons, on ne sera pas fâché de pouvoir en mettre en chocolat pour varier les sortes.

Vous prenez donc une demi-livre, plus ou moins, de chocolat que vous mettez dans un endroit qui soit assez chaud pour que votre chocolat fonde, ou pour mieux dire, se ramollisse. Je dois observer qu'il ne faut mettre avec le chocolat aucun liquide pour le faire ramollir, que la chaleur seule doit le rendre mou, le chocolat étant un corps gras; si on y mettait un peu d'eau ou un peu de sirop, il durcirait plutôt que de ramollir. Il ne faut cependant pas que la chaleur soit trop forte, ce qui absorberait toute l'huile du cacao, et le chocolat deviendrait sec au lieu d'être mou, mais le moyen le plus simple et le plus sûr, quand on n'a pas l'habitude de faire ce travail, c'est de prendre son poêlon, de mettre son chocolat dedans, le couvrir avec une assiette ou un couvercle de casserolle, et mettre le cul de votre poêlon dans l'eau bouillante ; vous couvrez votre poêlon pour que la vapeur de votre eau ne retombe pas sur le chocolat. On peut remplacer le poêlon par une casserolle ou un bain-marie, donc, quand votre chocolat est mou d'un côté, vous retournez la tablette de l'autre, et vous le laissez ramollir quand il est ainsi préparé. Vous pouvez faire avec des pistaches au chocolat des pastilles de chocolat et des diablotins.

Pour faire des pistaches au chocolat, vous choisissez de belles pistaches, vous les goûtez pour vous assurer qu'elles n'ont pas le goût rance ; ensuite vous les mettez dans le même endroit ou le même vase où est votre chocolat, pour qu'elles chauffent un peu ; si elles étaient froides, le chocolat ne prendrait pas dessus, ou plus difficilement. Lors donc que votre chocolat est ainsi préparé comme je l'ai indiqué, et les pistaches de même, vous prenez un petit morceau de chocolat et enveloppez dedans une pistache ; quand elle est enveloppée, vous la mettez dans le creux de votre main, vous secouez la main et vous verrez en secouant le chocolat reluire; vous poserez votre pistache sur une feuille de papier, et vous continuez ainsi une à une autant que vous voudrez en faire; il ne faut prendre que très peu de chocolat à la fois que l'on tient de la main gauche, parce que c'est dans la droite que l'on remue la pistache pour la faire reluire, ou si c'est pour des pastilles, c'est avec la droite qu'on les pose sur les plaques ou sur les feuilles de papier.

Si vous voulez que vos pistaches soient blanches, vous mettez dans une assiette creuse des nonpareilles au lieu de mettre vos pistaches sur le papier après les avoir fait reluire, vous les mettez dans les nonpareilles, et vous les remuez dedans avec une fourchette; la nonpareille s'attachera à votre chocolat, et vos pistaches seront toutes blanches; vous les laisserez refroidir sur la nonpareille.

Pastilles en chocolat.

Pour faire des pastilles, vous préparez votre chocolat comme pour faire vos pistaches; vous en prenez un petit morceau que vous tiendrez dans votre main gauche; vous en prenez peu à la fois et laissez le reste au chaud. Avec les doigts de la main droite, vous roulez de petits morceaux de chocolat de la grosseur d'un noyau de cerise, et que vous mettez à mesure sur une plaque à pastilles en fer blanc, ou sur des petites feuilles de papier; quand vous aurez sur votre plaque une soixantaine de petites boules de chocolat ; vous remuerez vivement cette même plaque sur une table en la faisant taper à petits coups sur la table, comme ferait une personne qui tiendrait la plaque par un bout et qui tremblerait naturellement en faisant ce mouvement ; vous verrez vos pastilles s'élargir et devenir reluisantes ; quand vous les jugez assez aplaties, vous portez votre plaque dans un endroit froid et vous en recommencez une autre. Si vous en avez encore à faire, il faut se dépêcher de faire ce travail et se tenir dans un endroit chaud pour que le chocolat ne refroidisse pas.

Diablotins.

Pour faire les diablotins, vous opérez de même que pour les pastilles, excepté que vous les ferez au moins une fois plus gros, et que vous ne les mettrez que sur des petites feuilles de papier ; vous mettrez votre feuille de papier sur une plaque pour pouvoir les battre et les faire reluire. Aussitôt que vous verrez que votre chocolat reluit, vous versez dessus des petites nonpareilles blanches ; vous les ferez passer également sur votre feuille de papier pour que tous vos diablotins puissent en prendre, vous secouez votre feuille de papier et la mettrez dans un endroit froid, il faut laisser ces bonbons au moins cinq à six heures refroidir avant de les retirer de dessus les plaques ou les feuilles de papier, et même dans les grandes chaleurs de l'été, il faut les laisser du jour au lendemain, et en les mettant au froid le plus possible, j'ai marqué des petites feuilles de papier, vu que si elles étaient grandes, les premières pastilles ou les diablotins que l'on aurait posés dessus seraient froids quand on poserait les dernières, et ne pourraient pas s'aplatir et prendre des nonpareilles.

Les papiers sur lesquels vous aurez posé, soit vos pistaches, ou vos diablotins, vous les conserverez pour une autre fois; plus ils vous auront servi, meilleurs ils seront pour ce travail, vu qu'ils seront imbibés d'huile de cacao.

Des bonbons à la liqueur.

Quoique généralement les bonbons à la liqueur ne peuvent guère se faire en maison bourgeoise faute d'avoir tous les ustensiles nécessaires et même souvent l'emplacement, je vais de même les mettre sur ce livre en tâchant de simplifier le plus possible et de donner tous les moyens qui sont à ma connaissance pour pouvoir remplacer ce qui manquerait et arriver à un résultat convenable.

Pour pouvoir faire les bonbons, il faudrait avoir des caisses à amidon, de l'amidon en poudre, des modèles pour imprimer dans l'amidon, et une étuve pour mettre ses bonbons au chaud.

Vous commencez donc par vous procurer de l'amidon en poudre que vous faites sécher pendant plusieurs jours avant de vous en servir, soit dans une étuve ou dans un four, en ne mettant votre amidon dedans que quand la chaleur ne sera plus assez forte pour le faire jaunir, ou encore dans tout autre endroit où il y aurait de la chaleur, tel qu'une armoire où il passerait un tuyau de calorifère. Le principal est qu'il soit bien sec; donc, quand il est bien sec, vous le passez à travers un tamis de crin sur une feuille de papier et vous le mettez dans des petites caisses en bois que vous avez pour cet usage; ces caisses portent ordinairement 50 centimètres de long sur 25 à 30 centimètres de large et 4 centimètres de profondeur. Si vous n'avez pas de caisses, vous pouvez les remplacer par tous autres objets, tels qu'un plat d'argent ou même une assiette creuse; il faut avant que d'imprimer dans l'amidon avoir soin de passer au-dessus une règle, pour que la surface en soit unie. Vous imprimez dans votre amidon les différents modèles que vous voudrez reproduire en sucre, tels qu'une amande, le bout d'un œuf ou toute autre chose qui pourrait vous convenir.

Mais ce qui s'imprime ordinairement pour les bonbons à liqueur sont des moules en plâtre que l'on peut acheter tout faits.

Il faut imprimer dans l'amidon avec soin et légèrement, crainte de faire retomber l'amidon en retirant le modèle, ce qui empêcherait que vos bonbons soient bien reproduits; il faut toujours avoir soin que le modèle que vous imprimez dans l'amidon soit bien sec; faute de cela, l'amidon s'attacherait après, s'il en était ainsi, il faudrait chauffer un peu votre modèle.

Quand vos planches sont imprimées, vous cassez une livre de sucre que vous faites fondre dans un poêlon avec un tiers de litre d'eau filtrée, et mettant le tout sur le feu, quand votre sucre bout, vous avez soin d'éponger les bords du poêlon, pour enlever les grains de sucre qui s'y forment en bouillant. Vous laissez cuire votre sucre jusqu'à la cuite du cassé; vous le retirez de dessus le feu; vous mettez de la liqueur dedans pour la décuire au petit boulet. Il ne faut pas que la liqueur aille sur le feu, il faut seulement secouer le poêlon, à mesure qu'on verse la liqueur dedans pour la faire mêler avec le sucre, mais il faut bien se garder de remuer le sucre avec une spatule ou tout autre objet, ce qui le ferait grainer; vous pouvez mettre dans votre sucre la liqueur qui vous conviendra, soit rhum, kirch, anisette, marasquin, etc. Un demi-verre de liqueur doit suffire.

Quand votre sucre est ainsi préparé, pour le couler dans l'amidon, vous en versez très peu dans un petit poêlon à pastilles ou tout autre poêlon et vous le coulez dans l'empreinte des modèles que vous aurez imprimés; vous laisserez pendant que vous coulerez les bonbons le reste de votre sucre sur le coin du fourneau en ayant soin qu'il ne bouille pas; à mesure que vous aurez fini de couler le sucre que vous aurez pris dans votre petit poêlon, vous en reprendrez de nouveau dans celui que vous aurez laissé au chaud.

Quand tout votre sucre sera coulé ou du moins que toutes vos planches seront remplies, vous mettrez de l'amidon en poudre (sec toujours), dans un tamis de crin et vous saupoudrez tous vos bonbons. On fait cette opération pour que le dessus ne crève pas, et vous mettez ensuite vos planches à l'étuve très chaude ou dans un four. Le lendemain que l'on aura cuit dedans, cette chaleur doit suffire à vos bonbons. Quand ils seront restés 5 à 6 heures à l'étuve, vous les retournerez pour que le dessus, qui est toujours plus faible, se trouvant en dessous, prenne de la consistance.

Vous laisserez vos bonbons dans l'amidon et dans l'étuve jusqu'au lendemain. Si vous avez une étuve, vous la tiendrez au moins à 35 degrés de chaleur thermomètre Réaumur ou 44 centigrades.

Quand vous aurez retourné vos bonbons, vous pouvez laisser diminuer un peu la chaleur. Le lendemain vous sortez vos bonbons de l'amidon en les époustant avec une brosse très douce et les posant sur un tamis de crin le plus clair que vous aurez. Quand ils seront tous sur le tamis, vous soufflerez dessus avec un soufflet, ensuite vous les retournerez et soufflerez de nouveau. Cette opération faite, il ne doit plus rester d'amidon après vos bonbons.

Les bonbons ainsi préparés souvent se mettent au candi (voyez page 74). On appelle de même bonbons à liqueur tous les bonbons qui contiennent un liquide. Je vais en décrire plusieurs séparément. La manière de préparer les planches à amidon ne change pas ni la chaleur non plus. Je n'ai donc qu'à marquer les différentes manières de préparer le sucre.

Bonbons café à la crême.

Vous commencez par faire du café à l'eau environ deux verres. Quand votre café est fait, vous cassez dans un poêlon un peu grand, une livre de sucre. Vous versez votre café dessus et vous le faites fondre sur le feu et le laissez cuire au boulet; ensuite vous y ajoutez un verre de bonne crême et le laissez recuire au petit boulet. Quand il a atteint cette cuisson, vous le retirez de dessus le feu, le laissez reposer un instant, et le coulez comme les précédents et les mettez à l'étuve de même.

Grains de café.

Pour faire des grains de cafés, il faut que votre amidon soit bien sec, vous faites des grains de cafés en plâtre que vous imprimez dans votre amidon; quand ils sont imprimés, vous faites fondre une livre de sucre dans deux verres de café à l'eau, très fort, et vous faites cuire le sucre à la grande glu, vous le coulez ensuite comme les précédents dans l'amidon et le faites étuver de même, seulement vous ne les retournez pas dans l'amidon; car ses grains étant petits, craignent moins de se casser quoique plus faibles.

Le lendemain, pour les retirer de l'amidon, vous passez tout votre amidon à travers un tamis de crin, et vous soufflez vos bonbons avec un soufflet jusqu'à ce qu'il n'y ait plus d'amidon après, ensuite vous passez votre tamis au-dessus de l'eau bouillante pour que la vapeur donne un lustre à vos bonbons, mais il ne faut pas les laisser longtemps au-dessus de l'eau crainte de les faire fondre.

Bonbons chocolat à la crême.

Vous cassez dans un poêlon un peu grand une livre de sucre que vous mouillez avec un tiers de litre d'eau, vous mettez ensuite votre poêlon sur le feu; pendant que votre sucre cuit, vous faites fondre dans un petit poêlon ou une petite casserolle deux tablettes de bon chocolat; pour faire ramollir votre chocolat vous mettez votre poêlon sur un peu de cendre chaude pour que votre chocolat ramollisse sans brûler; quand il est ramolli, vous le délayez avec un verre de bonne crême et en ayant soin de ne mettre la crême que peu à peu, pour que le chocolat soit bien délayé et qu'il ne reste pas de grumeaux, vous laisserez cuire votre sucre au boulet; quand il aura atteint cette cuite, vous verserez votre chocolat dedans et le ferez cuire au petit boulet, ensuite vous le retirerez de dessus le feu et le laisserez reposer un instant, et le coulerez comme tous les autres bonbons à la liqueur et opérerez de même pour les mettre à l'étuve et les retirerez de l'amidon.

Des bonbons candis.

Le candi sert pour donner un brillant à plusieurs espèces de bonbons, et principalement aux bonbons à la liqueur. On met aussi au candi des pâtes de coings, d'abricots et des fruits confits, il est impossible de mettre quelque chose au candi si l'on n'a pas d'étuve ou tout autre endroit que l'on puisse tenir constamment à 35 degrés de chaleur au thermomètre Réaumur ou 43 degrés centigrades.

Il faut avoir pour ce travail des petites caisses en fer blanc appelées candissoire; ces caisses portent ordinairement 30 centimètres de long sur 20 de large, et de 4 à 5 centimètres de profondeur, elles ont dans l'un des coins, au fond, une petite douille de 1 centimètre 1]2 à 2 centimètres de long, et que l'on bouche avec un bouchon, c'est ce qui sert en retirant le bouchon, à égoutter les candis.

Donc, pour mettre vos bonbons au candi, vous prenez du sirop de sucre que vous aurez clarifié comme il est marqué à la clarification du sucre (page 2), vous en prendrez pour la quantité de candissoires que vous aurez à remplir, vous le ferez cuire au petit soufflé en ayant soin d'éponger les bords de votre poêlon pour qu'il ne se forme pas de grains; quand votre sucre est cuit, vous en versez dans vos candissoires environ 2 centimètres de hauteur, en ayant soin que vos candissoires soient posées sur un marbre ou sur une table qui soit bien de niveau, pour qu'il ne se trouve pas plus de sucre d'un côté que de l'autre. Ceci étant fait, vous laisserez votre sucre refroidir un peu pour qu'il ne soit que tiède, alors vous posez vos bonbons légèrement dedans, vous reconnaissez qu'il est assez froid quand les bonbons que vous avez posés dans le sucre portent dessus et ne tombent pas au fond ; quand la surface de votre sucre est garnie de bonbons, vous portez vos candissoires dans votre étuve, vous les portez le plus droit possible et avec précaution pour que vos bonbons ne montent pas les uns sur les autres, il faut avoir soin aussi que les rayons ou les tablettes sur lesquelles vous les portez soient bien d'aplomb. Vous laisserez vos candis sans y toucher une fois à l'étuve, jusqu'à ce que vous voyez qu'il s'est formé au-dessus une croûte de toute la grandeur de la candissoire, ce qui doit arriver environ trois heures après qu'ils seront à l'étuve, alors vous prendrez d'autre sucre que vous ferez cuire cette fois un peu plus que la première, c'est-à-dire au soufflé, (il faut faire cuire le sucre pour recouvrir les candis un peu plus fort que pour les y mettre, vu que le premier étant mis à l'étuve trois heures avant l'autre, il se trouverait être plus candi d'un côté que de l'autre si on ne forçait pas la cuite à la seconde fois ; mais le candi qui se trouve en dessous est toujours plus fin et plus régulier, c'est pourquoi il faut toujours mettre le beau côté du bonbon dans le sucre quand on le met au candi.) Une fois votre sucre cuit, vous le versez légèrement sur les bonbons qui sont déjà au candi. Pour éviter que le sucre chaud que vous verseriez par le bec de votre poêlon ne crève la croûte, ce qui ferait gonfler le sucre et produirait mauvais effet, vous aurez soin de verser ce sucre sur une écumoire que vous tiendrez au-dessus de votre candissoire et le verserez tout doucement; vous mettrez du sucre jusqu'à ce que vos bonbons en soient; recouverts il n'est pas besoin d'observer qu'il faut recouvrir le candi à l'étuve, sur place et ne pas remuer les candissoires; cette opération terminée, vous laisserez encore vos candis sans y toucher, jusqu'à ce qu'il y ait une croûte formée dessus, et même plus forte que la première, ce qui doit arriver environ quatre heures après que vous aurez recouvert vos candis; quand vous jugerez que la croûte est assez forte, vous retirerez le bouchon qui bouche la douille de votre candissoire, et laisserez égoutter le sirop dans une terrine ou tout autre vase, vous donnez même un coup avec le doigt dans le coin où est la douille, pour que la croûte qui se trouve au milieu soit crevée et que le sirop qui se trouve entre les deux croûtes puisse s'égoutter; ensuite vous penchez votre candissoire pour que tout le sirop coule, et vous la laissez ainsi penchée presque perpendiculairement jusqu'au lendemain, en entretenant toujours un peu de chaleur à votre étuve ; le lendemain vous renversez la candissoire sur un tamis et vous détachez vos bonbons l'un après l'autre.

Des candis à jours.

L'on emploie un autre moyen pour les bonbons qui sont coulés et qui sont à jour; pour que la croûte du candi ne bouche pas les jours, il faut les mettre de la manière suivante :

Vous commencez par garnir les fonds de vos candissoires avec de petites pailles que vous mettez à 1 centimètre 1|2 de distance, vous posez vos bonbons dessus, ensuite vous posez d'autres pailles dessus vos bonbons, dans les mêmes distances, et vous posez sur ces pailles une petite grille de la grandeur, et qui puisse même entrer dans vos candissoires; cette opération étant achevée, vous remplissez vos candissoires de sucre cuit au petit soufflé, vous les mettez et les laissez à l'étuve jusqu'à ce que la croûte de dessus soit un peu forte, ce qui doit arriver environ six heures après que vos candis seront à l'étuve, alors vous les égoutterez et les laisserez la nuit à l'étuve, les détacherez le lendemain matin : il faut autant que possible détacher les candis quand ils sortent de l'étuve et qu'ils sont encore un peu chauds, ils sont moins sujets à se casser.

Les fruits aux caramels.

Les fruits que l'on emploie pour mettre aux caramels sont les quartiers d'oranges, les raisins, les marrons grillés, les cerises fraîches dans la saison, et à l'eau-de-vie l'hiver, les fraises, principalement les grosses appelées caperons, des morceaux de poires confites coupées en petits quartiers, des abricots, idem des amandes émondées et séchées, des mirabelles confites ou en conserve que l'on laisse égoutter et sécher : avant de les y mettre, il faut se procurer pour piquer ces fruits de petites brochettes en bois ou en roseau ; le roseau est préférable, il suffit d'acheter une perche en roseau pareille à celles dont on se sert pour pêcher à la ligne ; vous la coupez d'un nœud à l'autre, et ensuite vous fendez le roseau de la largeur d'un bâton de vanille, vous apointissez un bout et vous fendez l'autre ; le côté qui est pointu vous sert pour piquer tous les fruits qui n'ont pas de queues, tels que les quartiers d'oranges, les marrons, les fruits confits ; le côté que vous fendez vous sert à passer dans la fente la queue des raisins, des cerises, des fraises, etc. ; faute de roseau, vous faites des petites brochettes en bois que vous coupez d'environ 25 à 30 centimètres de long et gros comme les précédentes, que vous apointissez de même d'un bout, fendez de l'autre ; vous ne pouvez toujours vous servir que d'un bout à la fois.

Il faut, avant que de faire cuire son sucre, que tous les fruits soient préparés ; car le sucre une fois cuit ne peut pas attendre ; il faut les préparer ainsi qu'il suit :

Vous choisissez des oranges qui n'aient pas la peau

très fine, principalement quand la saison s'avance ; car plus la peau est fine, plus elles sont sujettes à se déchirer ; vous commencez donc par fendre la peau de votre orange en croix avec un couteau, ce que vous faites avec précaution, pour ne pas endommager la seconde peau, vous enlevez la première peau et vous retirez en grattant avec votre couteau tout ce que vous pouvez de blanc, en prenant toujours soin de ne pas écorcher le fruit, vous séparez vos quartiers et les posez sur un tamis, vous les piquez avec vos brochettes en ce sens ⚊. Pour les raisins, vous les coupez par petits grapillons de quatre à cinq grains, et vous passez la grappe dans la fente de votre brochette en ce sens ⚊. Pour les marrons, vous les faites tout uniment griller, les épluchez et piquez dans ce sens ⚊. Les amandes et les fruits confits se piquent comme les marrons, excepté les mirabelles qui se mettent entières, et dont l'on passe la queue dans la fente de la brochette, de même que tous les fruits qui ont une queue.

Après que vos fruits sont ainsi préparés et posés sur un tamis, il faut vous munir d'une grille, que vous posez sur une terrine, et vous posez sur le milieu de votre grille, un poids ou quelque chose de lourd ; car cette grille étant destinée à recevoir les brochettes où sont attachés vos fruits, si vous ne posiez rien dessus, la charge de vos fruits la ferait renverser. Quand tout est ainsi préparé, vous prenez une livre de sucre (plus ou moins, suivant la quantité de fruits que vous avez à mettre au caramel); que vous cassez par morceaux et que vous mettez dans votre poêlon avec un tiers de litre d'eau filtrée, vous mettez votre poêlon sur le feu; quand votre sucre est fondu et qu'il bout, vous l'écumez et vous versez dans votre sucre trois gouttes de vinaigre pour l'empêcher de grainer, vous le laissez ensuite cuire jusqu'au grand cassé, en ayant soin d'enlever avec une petite éponge mouillée ou le coin d'une serviette également mouillée, les grains du sucre qui se forment après les parois du poêlon tout le temps que le sucre bout; faute de faire cette opération, ces grains se détacheraient et feraient grainer votre sucre; il faut éponger son poêlon au moins quatre fois le temps que le sucre cuit.

Donc, quand votre sucre aura atteint la cuite du grand cassé, vous retirez votre poêlon de dessus le feu et commencez à tremper vos fruits dedans le plus promptement possible, il serait même urgent d'être deux pour, tandis que l'un trempe dans le sucre, l'autre passe le bout des brochettes dans la grille pour que le sucre s'égoutte; il faut avoir bien soin, quand on trempe ses fruits dans le sucre pour les mettre au caramel, de ne pas les frotter au bord ni au fond du poêlon, ce qui ferait grainer votre sucre, et vous ne pourriez pas continuer à tremper vos fruits; si votre sucre venait à refroidir avant que tous vos fruits soient trempés dedans, il faudrait le faire réchauffer un peu, il ne faut même pas attendre que vous ne puissiez plus vous en servir; il faudra le faire sitôt que vous verrez qu'il épaissit; on peut même mettre un peu de cendre chaude dans un vase quelconque et poser le cul de son poêlon dessus, ce qui entretient le sucre chaud, mais il ne faudrait pas que la chaleur soit assez forte pour faire bouillir le sucre.

Quand on a plusieurs espèces de fruits à mettre au caramel, il faut toujours commencer par les plus délicats ; par exemple, quand on a oranges, marrons et raisins, il faut commencer par les oranges et les raisins; quand on a des cerises et des fraises, il ne faut pas attendre à la fin pour les tremper, à moins que l'on n'ait que ces deux espèces ; alors encore, il faudrait commencer par les fraises en laissant refroidir un peu le sucre ; car le sucre étant bouillant, ferait crever ces fruits et sortir le jus, ce qui mouillerait vos caramels. Quand on a des marrons et des amandes, c'est toujours eux qu'il faut garder pour tremper les derniers.

Si on n'avait pas de grille pour pouvoir piquer ces brochettes, il faudrait remplir une terrine de sable, ou, faute de sable, de cendre, et piquer ces brochettes dedans, toujours de manière à ce que le fruit ne se touche pas et qu'il puisse s'égoutter.

Aussitôt que vous aurez fini de tremper vos fruits dans le sucre, vous pourrez commencer de les détacher d'après vos brochettes, en coupant avec des ciseaux le fil de sucre qui pend au ras du fruit et en coupant la queue à ras la brochette, ou donnant un coup de ciseaux au sucre qui tient la brochette avec le fruit, et vous les poserez fur à mesure sur un tanis et les laisserez dans un endroit sec jusqu'à ce que vous les serviez.

Il ne faut pas faire ces caramels trop longtemps d'avance, moins ils attendent pour être mangés et mieux ils valent ; mais il faut toujours s'arranger de manière pour que, si le sucre venait à grainer, l'on eût encore le temps d'en faire cuire d'autre.

Imitation de marrons en chocolat.

Vous prenez vingt-cinq marrons que vous faites griller, vous les épluchez et retirez avec un couteau les places qui seraient brûlées, ensuite vous les cassez par morceaux et les mettez dans un poêlon, en y ajoutant un quart de bâton de vanille et versez dessus un demi-verre d'eau ; vous mettez le poêlon sur le feu. Quand vos marrons auront bouilli cinq minutes, vous les jetez dans un mortier et les pilez, ensuite vous passez cette pâte à travers un tamis de crin, vous la ferez passer en appuyant dessus avec une spatule ou une cuiller en bois ; si votre pâte était trop dure pour pouvoir passer, il faudrait la mouiller avec un peu de sirop de sucre ; mais plus on peut la faire passer dure, mieux vaut, vu qu'il faut moins de temps pour la faire dessécher. Quand toute votre pâte est passée, vous la remettez dans un poêlon et y ajoutez une demi-livre de sucre en poudre, ensuite vous remettez votre poêlon sur un feu très doux et vous desséchez votre pâte en remuant avec une spatule pour qu'elle ne brûle pas; quand elle est assez dure pour pouvoir se former en boule, vous la retirez de dessus le feu, la sortez de votre poêlon et la laissez refroidir, ensuite vous formez avec cette pâte des imitations de marrons, ce que vous faites en la coupant par morceaux de la grosseur d'un marron, en donnant à chaque morceau, l'un après l'autre, la forme de marron. A mesure que vous les formez, vous les posez sur un tamis et les laissez un peu de temps, on peut même les laisser jusqu'au lendemain.

Cette opération terminée, vous piquez vos marrons avec des petites brochettes préparées de même que pour les fruits au caramel, ensuite vous prenez une livre de sucre que vous cassez par morceaux dans un poêlon, vous la mouillez avec un tiers de litre d'eau, vous mettez votre poêlon sur le feu et faites cuire votre sucre au boulet; pendant que votre sucre cuit, vous faites dissoudre deux tablettes de chocolat dans un demi-verre d'eau ; pour faire dissoudre le chocolat, vous le râpez et le mettez sur un feu très doux, ou pour mieux dire, un peu de cendre chaude, en le remuant avec une spatule; alors le chocolat deviendra mou; une fois mou et qu'il sera d'un seul morceau, vous y mettez un peu d'eau chaude pour le délayer, toujours en remuant avec une spatule; vous continuerez à mettre de l'eau, mais très peu à la fois; vous continuerez ainsi jusqu'à ce que votre chocolat soit liquide; ce qui arrivera quand vous aurez fait entrer en plusieurs fois environ un demi-verre d'eau.

Quand votre chocolat est ainsi préparé, et que votre sucre est cuit au boulet, vous versez votre chocolat dans votre sucre et le laissez recuire au cassé; il faut avoir soin, quand le chocolat est dans le sucre, de le remuer légèrement avec une spatule pour que le chocolat ne s'attache pas au fond du poêlon. Donc, quand votre sucre a atteint la cuite du cassé, vous le retirez de dessus le feu, le laissez reposer un instant et tremperez vos marrons dedans, en procédant de la même manière que pour les fruits au caramel; si, quand vous aurez fini de tremper vos marrons dans le sucre, il vous en restait encore, vous les feriez chauffer un peu, vous essuieriez une place sur le marbre, l'huileriez un peu et vous verseriez votre sucre dessus et le couperiez comme vos caramels chocolats à la crème; si votre sucre venait à grainer avant que tous vos marrons soient trempés, vous le remouillerez avec un verre d'eau et les feriez recuire de même au cassé.

Marrons glacés.

Pour glacer des marrons confits, il faut les sortir du sirop au moins un quart d'heure d'avance et les laisser égoutter sur une grille, une claie ou une passoire. Pendant que vos marrons égouttent, vous prenez du sucre suivant la quantité de marrons que vous avez à glacer, environ deux livres pour glacer une livre et demie de marrons; si vos marrons ont été confits avec de beau sucre, vous pouvez ne mettre qu'une livre de sucre en pain et mettre à peu près la même quantité de sirop qui vous aura servi à confir vos marrons, il est à observer qu'il faut que les marrons nagent dans le sucre pour pouvoir les glacer.

Vous prenez donc deux livres de sucre que vous cassez, le mettez dans un poêlon, le mouillez avec deux tiers de litre d'eau, mettez le poêlon sur le feu et faites fondre votre sucre; une fois fondu et qu'il bout, vous l'écumez et le faites cuire au petit soufflé, en ayant soin d'éponger les bords de votre poêlon. Quand votre sucre aura atteint cette cuite, vous jetez vos marrons dedans, et vous le laissez encore un instant sur le feu sans cependant attendre qu'il bouille; aussitôt que vous le verrez frémir, vous le retirerez de dessus le feu et le laisserez refroidir au moins cinq minutes.

Avant de le travailler, il faut vous précautionner d'une grille que vous posez sur une terrine, de deux fourchettes et d'une petite spatule. Vous commencez par frotter le bord de votre poêlon avec votre spathule pour faire grainer votre sucre, ce qu'il faut faire en frottant toujours à la même place; car si vous faisiez grainer votre sucre dans toute la grandeur de votre poêlon, tout le sucre se trouverait grainer à la fois, et vous n'auriez pas le temps de sortir vos marrons; il faut, comme je viens de le marquer, ne faire grainer votre sucre que sur le devant de votre poêlon, il est même nécessaire de mettre une écumoire dans votre poêlon de manière à ce qu'elle retienne vos marrons pour qu'ils ne viennent pas vous empêcher de faire grainer votre sucre.

Aussitôt que vous verrez que votre sucre blanchit sur le devant de votre poêlon, vous prenez vos marrons qui sont derrière votre écumoire, en les tirant un à un avec vos deux fourchettes; il faut, à mesure que vous prenez un marron, le tremper à l'endroit où le sucre est blanchi et le poser ensuite sur votre grille pour qu'il s'égoutte; il faut les poser sur la grille de manière à ce qu'ils ne se touchent pas. Quand une fois vous commencez à tirer vos marrons du sucre, il faut vous dépêcher, car une fois que le sucre commence à blanchir, il n'est pas longtemps sans grainer, et une fois grainé il n'est plus lisse. Vous laisserez vos marrons sur votre grille jusqu'à ce qu'ils soient secs et refroidis, ce qui demande près d'une demi-heure.

Quand une fois vous aurez fini de tirer vos marrons, vous mettez un demi-verre d'eau dans votre sucre et vous remettez votre poêlon sur le feu seulement un instant, pour faire fondre le sucre et le verser dans un vase et vous le conservez pour une autre fois, car ce sucre peut servir indéfiniment en ajoutant chaque fois que l'on s'en sert à peu près la même quantité de sucre neuf que les marrons en auront enlevé la fois précédente; il faut observer que plus le sucre a servi et plus il demande à être cuit : par exemple, quand vous vous servez du sucre pour la première fois, il faut ne le cuire qu'au petit soufflé, le grand perlé même suffirait, et au bout de quatre à cinq fois que vous vous en servez, il demande à être cuit au soufflé, mais il ne faut jamais passer cette cuite quand le sucre est usé et qu'il ne blanchit plus en le travaillant avec la spathule, il faut en prendre d'autre; ce sucre peut encore vous servir pour sucrer des marmelades, des liqueurs ou des compotes de poires rouges.

Glace pour les fruits confits, appelés au tirage.

Il n'y a aucun changement à faire pour glacer les fruits ou les marrons. La même glace peut même servir pour les uns comme pour les autres, ils peuvent même se glacer ensemble. Ainsi la recette que je viens de donner pour les marrons s'adapte à toutes espèces de fruits confits, excepté les fruits rouges, tels que les cerises et les épines-vinettes, qui ne se glacent jamais.

Il ne faudrait pas non plus admettre dans la glace de sirop qui aurait servi à confir les fruits, car ce sucre est toujours très gras et empêcherait votre glace de banchir. J'ai dit que l'on pouvait mettre du sirop de marrons, vu que les marrons graissent moins le sucre que les autres fruits.

FIN DE LA PREMIÈRE PARTIE.

DEUXIÈME PARTIE.

DES PETITS FOURS.

Le petit four, pour les personnes qui n'ont pas été montrées à travailler, est ce qui leur sera le plus difficile à bien réussir, principalement pour la cuisson; il est cependant indispensable pour tous gens de maison qui veulent faire de l'office, et principalement à la campagne, de savoir faire plusieurs sortes de petits fours. Je vais indiquer la manière de faire ceux qui sont les plus simples et en même temps les meilleurs; je vais faire tout mon possible pour les marquer d'une manière claire et précise. Les conseils que le cuisinier pourra vous donner vous seront de grand secours, et votre intelligence fera le reste.

CHAPITRE PREMIER.

Préparation du Petit Four.

Quand vous êtes pour faire du petit four, il faut

toujours avoir soin de monder quelques jours d'avance les amandes que vous êtes pour employer ; vous les étendez sur un tamis de crin pour qu'elles sèchent, et les tenez dans un endroit sec. Voici la manière de monder les amandes : vous mettez de l'eau dans un poêlon sur le feu ou une casserolle ; quand votre eau bout, vons jetez vos amandes dedans, et aussitôt que vous voyez que la peau peut s'enlever rien qu'en pressant les amandes entre vos doigts, vous les enlevez de dessus le feu, vous les versez sur un tamis, et vous les rafraîchissez en versant de l'eau froide dessus pour empêcher que la peau ne sèche trop vite; ensuite vous les versez sur une table et vous les mondez ; quand elles le sont toutes, vous les mettez dans une serviette ou un torchon propre, et vous les secouez dedans pour enlever l'eau qui est après ; cette opération terminée, vous les étendez sur un tamis de crin et vous les mettez dans un endroit où elles puissent sécher : il ne faut pas mettre trop d'amandes sécher sur le même tamis, car si on en mettait trop épais, elles moisiraient et ne sécheraient pas.

Si vous êtes pour employer des amandes émincées, vons les émincerez avant qu'elles soient sèches et les ferez sécher après.

Vous aurez soin de piler du sucre et de le passer au tamis de soie, et de faire sécher la farine que vous serez pour employer.

Il faut faire tous ces apprêts d'avance pour, quand on chauffe le four, n'avoir plus qu'à faire ses compositions et les faire cuire.

Manière de chauffer un grand four.

Vous mettez un fagot ou tout autre bois dans le milieu de votre four et vous y mettez le feu (il faut autant que possible que votre bois soit bien sec) : quand le bois est bien allumé, vous le divisez également dans le fond et les côtés de votre four; à mesure comme vous voyez que le bois commence à être brûlé, vous en mettez d'autre sans attendre qu'il s'éteigne, et toujours également le long des parois de votre four, jusqu'à ce que vous jugiez qu'il est assez chaud; pour un four dans lequel on ne doit cuire que deux ou trois sortes de petits fours, deux moyens fagots doivent suffire si le four n'est pas trop grand ; il faut avoir un peu l'expérience d'un four et l'avoir déjà chauffé plusieurs fois pour pouvoir préciser la quantité de bois qu'il faut pour le chauffer; si un four est chauffé souvent, il faut moins de bois pour le chauffer et la chaleur se conserve bien plus longtemps que quand on ne le chauffe que de loin en loin ; quand le bois est brûlé, vous tirez la braise à environ un pied de la bouche du four et vous mettez encore un peu de petit bois dessus, seulement quelques petits morceaux; quand ils sont brûlés, vous éparpillez la braise également sur toute la surface de l'âtre de votre four et vous la laissez environ cinq minutes; ensuite vous la ramassez à la bouche et vous l'enlevez, vous fermez votre four et laissez tomber la chaleur environ huit à dix minutes avant de mettre votre essai au four.

Tant que vous ne soyez habitué à cuire dans un four, il faut toujours avoir soin, avant que de faire cuire un petit four, de mettre un essai pour connaître s'il n'est pas trop chaud. J'appelle mettre un essai, mettre au four deux ou trois des petits fours que vous êtes pour cuire, en les mettant sur une plaque ou sur une feuille de papier, suivant l'objet sur lequel vous les dressez, et aussitôt que vous voyez qu'ils cuisent bien, vous mettez au four ce que vous avez à faire cuire.

Chauffage des petits fours appelés fours à l'Allemande.

On appelle fours à l'allemande, les fours que l'on chauffe en-dessous, de même qu'un four de poêle; vous les allumez de même que l'on allume un poêle et vous chauffez tout doucement tant que vous ne voyez pas qu'il soit assez chaud, ce dont vous vous assurez en l'essayant de temps en temps; comme ces fours ne coûtent pas très cher à chauffer, vous pouvez, si vous ne vous êtes pas encore servi d'un de ces fours, le faire chauffer la veille du jour que vous en aurez besoin, pour pouvoir vous rendre compte de la manière qu'il chauffe et connaître les places qui chauffent le plus; car ces fours ne chauffent pas toujours également : le fond et les côtés chauffent presque toujours plus que le milieu ; il suffit de faire cuire dedans un peu de pâte quelconque pour voir comment il cuit. Ces fours paraissent au premier abord très difficiles à étudier, mais avec un peu de soin et de la pratique, on parvient à s'en servir avec succès ; quand on voit qu'un four chauffe plus dans le fond que sur le devant ou plus d'un côté que de l'autre, il faut avoir soin de retourner la plaque sur laquelle est le petit four à temps, pour qu'à la fin de la cuisson tout se trouve cuit le plus également possible ; comme ces fours ont presque toujours deux étagères, vous mettez ce qui demande à être cuit plus en dessous qu'en dessus sur l'étagère du bas, et ce qui demande à être plus cuit en dessus qu'en dessous sur celle du haut ; bien souvent le même petit four demande à être changé d'étagère pendant le temps de sa cuisson.

CHAPITRE II.

Blancs d'œufs pris en neige.

Pour faire prendre les blancs bien fermes, il faut d'abord faire bien attention en cassant les œufs de ne pas mettre de jaune dans les blancs, ensuite il faut les fouetter dans une bassine en cuivre non étamée, il faut les fouetter tout doucement en commençant, et toujours les ramener au milieu du bassin, et autant que possible ne pas les éparpiller; plus ils deviennent fermes et plus il faut redoubler de vitesse, vous les fouettez tant que vous ne voyez pas qu'ils se tiennent bien fermes; quand on voit qu'ils sont bien ondulés, c'est signe qu'ils sont assez battus.

Dans l'été, quand les œufs sont bien frais, on joint aux blancs, avant de commencer à les fouetter, une petite pincée de sel blanc ou d'alun pulvérisé pour les empêcher de grainer.

Les fouets qui font prendre les blancs d'œufs plus ferme sont ceux en fil de fer, mais les blancs fouettés avec un fouet en osier sont plus volumineux; le fouet en fil de fer est préférable pour tout ce qui est pâte à meringue, mais pour les pâtes à biscuits, je préfère le fouet en osier.

Il faut, quand on casse des œufs, avoir soin de les casser un à un dans une petite terrine ou une assiette, pour ne pas être exposé à mettre avec les autres, un œuf qui sentirait la paille ou le poireau; à mesure que vous cassez un œuf, vous le flairez, et quand vous vous êtes assuré qu'il n'a pas de mauvais goût, vous mettez le jaune dans la terrine aux jaunes et vous mettez votre blanc (que vous aviez d'abord fait tomber dans une assiette) dans la terrine aux blancs; par ce moyen, si un œuf se trouve gâté, vous pouvez le jeter, et vous n'êtes pas exposé à perdre tous ceux que vous auriez cassés précédemment.

CHAPITRE III.

Biscuits à la cuillère.

(*Quatre onces de sucre en poudre, quatre œufs et trois onces de farine.*)

Vous cassez quatre œufs en mettant les blancs dans une petite terrine et les jaunes dans une moyenne, vous pesez quatre onces de sucre en poudre que vous mettez avec vos jaunes et vous les battez avec une spatule ou une cuiller de bois jusqu'à ce qu'il blanchissent et s'épaississent ; alors vous mettez vos blancs dans un bassin à cul de poule et les fouettez en neige ; quand vous voyez qu'ils sont presque assez fermes, vous faites mêler par une autre personne trois onces de farine que vous aurez pesée d'avance et passée au tamis de crin pour qu'il ne reste pas de grumeaux, vous faites mélanger la farine avec les jaunes le plus légèrement possible pour ne pas donner trop de corps à la pâte ce qui l'empêcherait de faire son effet au four.

Quand la farine est mélangée avec le jaune, les blancs doivent être assez fermes, alors vous mêlez le tout ensemble et le plus légèrement possible. Voici comment il faut opérer : vous mettez les blancs dans les jaunes en n'en mettant que peu à la fois, et continuant toujours à fouetter ce qui reste de blancs dans le bassin, la personne qui vient de mêler la farine avec les jaunes continue à mêler les jaunes avec les blancs, en soulevant la pâte pour faire opérer ce mélange, et non en la battant; il faut se servir, pour faire ce mélange, de la spatule ou de la cuiller de bois avec laquelle on a battu les jaunes; de la manière de mêler les blancs avec les jaunes dépend souvent la beauté des biscuits; car si on fatiguait trop la pâte, on aurait de vilains biscuits, ce que l'on appelle des biscuits Jacques. Quand votre pâte est ainsi préparée, vous emplissez aux deux tiers un cornet de papier que vous aurez fabriqué à l'avance. Voici comment il faut faire ces cornets :

Vous prenez une grande feuille de papier d'office fort, et vous en faites un cornet que vous fixez en l'attachant avec deux épingles, l'une en haut du cornet et l'autre en bas; vous emplissez votre cornet de pâte à biscuits jusqu'aux deux tiers, vous fermez le haut de votre cornet en repliant le papier sur lui-même, vous coupez avec des ciseaux le petit bout du cornet de manière à ce qu'il se trouve un trou rond de la grandeur d'une pièce de dix sous : c'est par ce trou que doit sortir la pâte. Les cornets en papier s'emploient ordinairement par des personnes qui ne font que rarement des biscuits, mais si on en faisait souvent, il faudrait se procurer une poche. Pour avoir une poche, il suffit d'acheter un morceau de coutil que l'on fait tailler et coudre dans la forme d'un cornet; et on adapte au bas de la poche une petite douille en ferblanc dont le trou extérieur doit être de la grandeur d'une pièce de dix sous; ainsi donc, quand vous avez mis de la pâte soit dans un cornet ou dans une poche, vous couchez vos biscuits sur des demi-feuilles de papier d'office, en appuyant modérément votre cornet pour faire sortir la pâte; quand votre biscuit est de la longueur que vous voulez lui donner, vous ne pressez plus le cornet et le tirez d'un coup sec pour que votre biscuit soit d'égale grosseur; quand vous avez une feuille remplie, vous la posez sur une grande feuille de papier que vous aurez posée d'avance sur une table et vous saupoudrez vos biscuits en tamisant au-dessus du sucre en poudre; quand vos biscuits sont bien masqués de sucre vous enlevez la feuille perpendiculairement pour que le sucre qui n'est pas sur les biscuits puisse tomber; vous enlevez votre feuille de manière à ce que les biscuits se trouvent en long, sans cela le sucre ne pourrait tomber; vous mettez ensuite votre feuille sur une plaque d'office; si vous vous servez d'un four à l'allemande, il faut mettre votre feuille au four et continuer à coucher le restant de votre pâte pendant que les premiers cuisent. Si vous les faites cuire dans un grand four, il faut attendre que tous vos biscuits soient couchés avant que de commencer à les enfourner, et même il ne faut commencer à les saupoudrer que quand toute la pâte est couchée.

Il faut enfourner les biscuits dans un four d'une chaleur modérée, mais pour plus de sûreté, vous mettez d'avance deux ou trois biscuits au four, et vous voyez par la manière dont ils cuisent si vous pouvez enfourner le tout sans crainte ; quand ils sont enfournés, vous laissez le four entr'ouvert pendant cinq ou six minutes pour que les biscuits aient le temps de faire leur effet : au bout de ce temps vous fermez le four en ayant cependant soin de les regarder de temps en temps. Aussitôt que vous voyez qu'ils ont une belle nuance d'un blond rougeâtre, vous les sortez du four et vous les tenez droit en pliant la feuille de papier pour qu'ils ne s'aplatissent pas. Aussitôt qu'ils sont froids vous détachez ceux que vous voulez servir en vous servant pour les enlever d'un couteau mince, et vous pouvez laisser les autres sur le papier jusqu'à ce que vous en ayez besoin ; étant sur le papier, ils sont moins sujets à s'abîmer et ils sèchent moins.

CHAPITRE IV.

Macarons secs.

(*Une demi-livre amandes, deux livres sucre.*)

Vous pesez une demi-livre d'amandes mondées et bien sèches, vous les pilez dans un mortier en les mouillant de temps en temps avec un peu de blanc d'œuf pour empêcher qu'elles ne tournent à l'huile ; quand vos amandes sont bien pilées, vous pesez deux livres de sucre en poudre que vous mettez dans votre mortier en continuant de piler et ajoutant du blanc d'œuf jusqu'à ce que la pâte soit bien mêlée et un peu ferme, ou pour mieux dire de consistance à pouvoir se soutenir sans être trop ferme. Quand elle est ainsi préparée, vous la mettez dans une seringue à massepains, et au lieu de mettre au fond de la seringue un petit rond étoilé, comme pour les massepains seringués, vous mettez un rond dont le trou soit rond et de grandeur à pouvoir y passer le doigt, vous posez des feuilles de papier sur des plaques d'office et vous couchez vos macarons dessus en poussant doucement le manche de la seringue et coupant votre pâte de la grosseur d'une noix-muscade à mesure qu'elle sort de la seringue ; si vous n'avez pas de seringue à massepains, vous coucherez vos macarons avec une petite cuiller à café en prenant de la pâte plein votre cuiller et la faisant tomber ensuite sur le papier, vous les couchez à sept ou huit centimètres de distance et vous les faites cuire à un feu très-doux après avoir mis un essai au four pour vous assurer de sa chaleur.

Macarons moelleux.

(*Une demi-livre amandes, une livre de sucre en poudre.*)

Vous pesez une demi-livre d'amandes mondées que vous pilez dans un mortier en les mouillant de temps en temps avec un peu de blanc d'œuf pour qu'elles ne tournent pas à l'huile ; quand vous voyez que vos amandes sont bien pilées, vous pesez une livre de sucre en poudre que vous mêlez avec vos amandes ; vous vous servez pour faire ce mélange d'une spatule ou d'une cuiller de bois, vous mettez du blanc d'œuf dans votre pâte et toujours en la travaillant jusqu'à ce qu'elle soit d'une consistance un peu molle, il faut cependant qu'elle puisse se soutenir quand on la couche sur le papier. Si vos macarons s'élargissaient à mesure comme vous les couchez, la pâte serait trop molle ; vous couchez ces macarons comme les précédents et vous les glacez en mouillant vos doigts et en posant un doigt mouillé sur chaque macaron, ensuite vous les enfournez, vous les faites cuire à un four doux et à four fermé. Ces macarons ne peuvent se cuire que dans un grand four, vu que pour peu que l'on donnerait de l'air au four pendant le temps de leur cuisson, ils retomberaient et seraient tout plats et de mauvaise mine ; il faut, quand ils sont au four, rester quatorze à quinze minutes sans l'ouvrir, et encore au bout de ce temps souvent il ne faut faire que de l'entr'ouvrir pour voir comme ils vont et le refermer de suite, il n'est guère de fours à l'allemande auxquels on puisse les confier pendant ce temps, sans craindre qu'ils ne brûlent, soit sur les côtés de la plaque ou dans le fond du four.

Ce macaron est sans contredit le petit-four dont la cuisson est la plus difficile ; en les faisant cuire dans un grand four, il faut encore bien connaître son four pour être sûr de les cuire à point.

Si vous mettez des essais, vous coucherez cinq ou six macarons sur des petits carrés de papier, et vous les dispersez dans votre four pour vous assurer s'il n'est pas plus chaud à une place qu'à une autre.

Il faut avoir soin quand on met le blanc d'œuf dans la pâte, soit en la mélangeant on en pilant les amandes, de ne pas laisser tomber de jaune; pour peu qu'il y eût du jaune dans votre pâte, vos macarons seraient très vilains.

Macarons aux avelines.

(Une demi-livre avelines, une livre sucre en poudre.)

Les macarons aux avelines se font dans les mêmes proportions et se travaillent de même que les macarons moelleux, si ce n'est que au lieu de monder les avelines on les torréfie dans un poêlon d'office, sur un feu doux, en les remuant avec un petit bout de bois ou une cuillère d'argent; quand elles sont un peu grillées, vous les mettez dans un torchon propre et vous les frottez fort pour enlever la peau, ensuite vous les triez d'avec cette peau et vous les laissez refroidir; quand elles sont froides, vous les pilez, et faites ces macarons comme les macarons moelleux; vous travaillez la pâte et les cuisez de même à four doux, souvent on les couche un peu plus petits, ce qui les rend plus élégants.

CHAPITRE V.

Massepains seringués.

(Une demi-livre amandes et une demi-livre sucre.)

Vous prenez une demi-livre d'amandes mondées que vous pilez dans un mortier en les mouillant de temps en temps avec un peu de blanc d'œuf pour les empêcher de graisser, car pour toutes les amandes en général, si en les pilant ou les broyant, on ne les humectait pas, soit avec de l'eau ou soit avec du blanc d'œuf, suivant l'espèce de petit four que l'on fait, elles deviendraient huileuses et seraient perdues. Il faut donc, comme je viens de le marquer, mettre un peu de blanc d'œuf avec les amandes en commençant à les piler et en mettre de temps en temps, en les pilant à mesure que l'on voit qu'elles sèchent; si on les mouillait tout d'une fois on ne pourrait les piler que très difficilement; quand vous voyez que vos amandes sont bien pilées, vous pesez une demi-livre de sucre en poudre que vous mettez dans votre mortier avec vos amandes et vous mêlez le tout ensemble en vous servant pour cela de votre pilon, vous ajoutez du blanc d'œuf jusqu'à ce que votre pâte soit un peu ferme et très liante, alors vous retirez votre pâte de dedans le mortier et la mettez dans la seringue à massepains; vous étendez sur votre table deux ou trois feuilles de papier d'office que vous saupoudrez légèrement de sucre en poudre, et vous poussez votre pâte dessus : en poussant la pâte, vous faites aller votre seringue de manière à ce que les bouts soient de toute la longueur du papier ; et quand vous avez poussé de la pâte jusqu'au bout de votre papier, vous revenez de l'autre sans cesser de pousser. Voici la forme que votre pâte doit avoir sur le papier après qu'elle est seringuée ▬▬▬. Quand vous avez seringué toute votre pâte, vous la coupez par petits bouts de six à sept centimètres de longueur, et ensuite vous les formez en ronds ou les laissez en bâtons, en les posant à mesure sur des feuilles de papier que vous aurez posée sur les plaques d'office qui doivent aller au four, en ayant soin de ne les toucher que légèrement pour ne pas abîmer les cannelures qui ont été formées par la petite étoile qui était au fond de la seringue. Quand ils sont tous couchés, il faut mettre les plaques au four : ces massepains demandent à être cuits à four doux ; quand vous voyez qu'ils ont une belle couleur jaune un peu rougeâtre, vous les sortez du four et vous les enlevez de dessus les feuilles de papier quand ils sont froids.

Massepains seringués soufflés.

(Une demi-livre amandes, dix onces sucre.)

Vous prenez huit onces d'amandes mondées et bien

sèches, vous les mettez dans un mortier et les pilez tant que vous ne voyez plus de fragments d'amandes, en ayant soin de les mouiller de temps en temps pour qu'elles ne tournent pas à l'huile ; quand elles sont pilées, vous pesez dix onces de sucre en poudre que vous mettez dans une petite terrine et le travaillez en y joignant le quart d'un blanc d'œuf, quand vous avez travaillé cette pâte environ un petit quart-d'heure, vous la mettez dans le mortier où sont vos amandes et mêlez le tout ensemble avec le pilon, ce qui doit vous donner une pâte lisse et un peu ferme. Quand votre pâte est ainsi préparée, vous la mettez dans la seringue à massepains et vous la poussez et couchez les massepains comme les précédents; quand ils sont couchés sur les feuilles de papier, vous les mettez dans un endroit un peu chaud pour que la surface sèche un peu ; il ne faut pas poser les plaques sur quelque chose de chaud, vu qu'il ne faut pas que le dessous du massepain prenne de chaleur : si on mettait les plaques sur le four, il faudrait les poser sur des tabourets s'il n'y avait pas de rayons ; on peut apprêter ce petit four le soir pour le cuire le lendemain matin, il faut les enfourner à four très doux; aussitôt que vous voyez qu'ils sont d'un beau blond vous les sortez du four ; si on les cuisait à four chaud, ils travailleraient trop et s'aplatiraient ; quand ils sont froids, vous les détachez de dessus le papier.

Massepains soufflés, au chocolat et pistaches.

(Une demi-livre sucre, deux tablettes chocolat, deux onces pistaches.)

Vous prenez deux tablettes de bon chocolat à la vanille, vous les mettez sur une plaque de ferblanc ou sur un couvercle de casserolle et vous les mettez dans un endroit où le chocolat puisse se ramollir sans trop chauffer : si vous craignez de trop le chauffer, voici comment il faudrait faire. Vous mettez un peu d'eau dans une casserolle et sur le feu; quand l'eau bout, vous couvrez la casserolle de son couvercle et mettez le chocolat sur ce couvercle, aussitôt que vous voyez que le chocolat est mou, vous le maniez dans vos mains jusqu'à ce qu'il ne soit presque plus chaud; ensuite vous le mettez dans une petite terrine et le remuez avec une spatule en y joignant un blanc d'œuf, et vous pesez huit onces de sucre en poudre que vous mettez avec, en continuant de le travailler et y ajoutant encore la moitié d'un blanc d'œuf, et vous mêlez dans cette pâte deux onces de pistaches que vous aurez d'avance coupées en petits dés; si votre pâte était trop ferme, vous ajouteriez encore un peu de blanc d'œuf; quand vous voyez qu'elle est de consistance à pouvoir se rouler, vous en prenez la moitié et la roulez sur un marbre que vous aurez saupoudré de sucre en poudre, ou faute de marbre, sur une table propre que vous aurez saupoudrée également; vous roulez votre pâte de la grosseur d'un doigt et ensuite vous la coupez par petits morceaux de la grosseur d'une noix-muscade; quand toute votre pâte est coupée, vous roulez les petits morceaux dans vos mains pour les arrondir et les posez à mesure sur des feuilles de papier que vous aurez mises sur des plaques d'office; vous posez vos massepains à sept ou huit centimètres de distance et ainsi de suite jusqu'à ce que toute votre pâte soit employée; quand tout est posé sur les feuilles de papier, vous mouillez vos doigts et vous posez un doigt sur chaque massepain pour les glacer, vous les mettez cuire à un four d'une chaleur douce, après avoir mis un essai pour vous assurer de la chaleur du four; vous les sortez du four quand vous voyez qu'ils ont fait leur effet et qu'ils sont assez cuits pour ne pas retomber.

Massepains soufflés, aux amandes.

(*Une demi-livre sucre, deux onces d'amandes.*)

Vous pesez deux onces d'amandes mondées et coupées en petits dés, et ensuite vous mettez dans une petite terrine la moitié d'un blanc d'œuf et une demi-livre de sucre en poudre que vous travaillez ensemble pendant au moins un quart-d'heure, et vous y joignez vos amandes toujours en travaillant la pâte ; vous ajouteriez un peu de sucre en poudre si elle était trop liquide, et un peu de blanc d'œuf si elle était trop ferme pour pouvoir être roulée ; vous faites le reste comme pour les massepains au chocolat en ayant soin de les glacer de même, en posant un doigt mouillé sur chaque massepain avant de les mettre au four.

Si vous voulez que les massepains soient à la vanille, il faut mettre dans la pâte quelques gouttes d'essence de vanille ou du sucre de vanille en poudre ; pour les faire au citron, il faut frotter un citron sur un morceau de sucre et gratter ensuite le jaune qui s'est attaché au sucre dans votre pâte.

Massepains soufflés aux avelines.

(Une demi-livre sucre, deux onces avelines).

Vous prenez deux onces d'avelines, vous les faites griller dans un poêlon en les remuant avec une cuillère d'argent, vous les faites griller jusqu'à ce que vous voyiez que la peau commence à s'enlever, alors vous les frottez dans un torchon propre pour faire partir cette peau, vous les triez d'avec, et vous les coupez en petits dés ; vous préparez ensuite une pâte composée d'un demi-blanc d'œuf et d'une demi-livre de sucre, et travaillez un quart-d'heure de même que pour les massepains soufflés aux amandes, vous mettez vos avelines dedans, les parfumez et les finissez de même que les précédents.

Massepains soufflés, à la fleur d'oranger, pralinée.

(Une once fleur d'oranger, une demi-livre sucre.)

Vous battez pendant un quart-d'heure une demi-livre de sucre en poudre avec la moitié d'un blanc d'œuf, quand votre pâte est bien battue, vous y joignez une once de fleur d'oranger pralinée et vous mêlez bien cette pâte, vous la roulez comme les précédentes et la couchez de même, et après avoir glacé vos massepains avec vos doigts mouillés, vous les faites cuire à four doux.

Massepains soufflés en Caisses.

Pour faire des massepains soufflés en caisses, il suffit de faire la préparation de la pâte, de même que pour les autres massepains, seulement la pâte un peu plus molle; la rouler et la couper en dés de même, et mettre les morceaux, une fois coupés, dans des petites caisses rondes, en papier, de huit à neuf lignes de diamètre sur quatre de hauteur ; quand votre pâte est dans vos caisses vous appuyez légèrement chaque massepain avec le bout du doigt après avoir mouillé votre doigt à chaque massepain, ce qui les rend brillants et d'un beau glacé. Vous les faites cuire à un four, chaleur douce, et aussitôt que vous voyez qu'ils sont bien essuyés à la surface, vous les retirez du four; il faut avoir soin qu'ils ne cuisent pas de trop pour pouvoir conserver la couleur, et qu'ils soient moins secs.

CHAPITRE VI.

Rochers.

Les rochers se font de même que les massepains soufflés, seulement il faut faire la pâte moins dure; il faut battre le sucre en poudre avec le blanc d'œuf en mettant une demi-livre de sucre pour un blanc d'œuf. La pâte étant plus liquide, vous couchez vos rochers avec une cuillère, vous les couchez sur des feuilles de papier d'office, en les mettant à 6 ou 7 centimètres de distance, et vous les faites cuire à four doux. Vous pouvez les faire aux amandes, à la vanille, aux pistaches, aux avelines, à la fleur d'oranger, en apprêtant les amandes, les avelines, les pistaches et la fleur d'oranger, de même que pour les employer dans les massepains.

CHAPITRE VII.

Petit four en pâte à Biscuits de Rheims.

(Deux œufs entiers, quatre onces sucre et deux onces farine.)

Vous cassez deux œufs entiers dans un moyen poêlon d'office, vous y joignez deux onces de sucre en poudre et vous fouettez cette préparation avec un fouet en osier pour la faire épaissir; au bout d'un quart-d'heure que vous fouettez votre pâte, vous posez le fond de votre poêlon sur un peu de cendres chaudes pour que la chaleur puisse seulement faire doucir votre pâte et non la chauffer; vous fouettez encore un quart-d'heure, ce qui fait une demi-heure en tout : au bout de ce temps votre pâte doit être d'une consistance un peu épaisse; vous pesez deux onces de farine que vous mélangez légèrement avec votre pâte après avoir passé la farine au tamis de crin; vous prenez ensuite des plaques d'office et après qu'elles sont bien nétoyées vous les graissez avec de la cire-vierge, si vous avez des plaques qui soient étamées, vous les emploierez de préférence, car la cire sur le cuivre est sujette à former du vert-de-gris; pour cirer les plaques on les fait chauffer un peu pour que la cire s'étale mieux; quand vous avez frotté votre cire sur la plaque, vous passez ensuite un petit chiffon pour l'étendre également; quand vos plaques sont froides, vous couchez vos petits fours dessus; vous vous servez pour les coucher d'une petite cuillère à café et vous les couchez le plus rond possible et de la grosseur d'une noix muscade, en les posant à six ou sept centimètres de distance; quand vous avez couché toute votre pâte, vous saupoudrez vos petits fours avec du sucre en poudre, vous tapez ensuite un peu la plaque en la tenant perpendiculairement pour faire tomber le sucre qui est dessus. On peut encore coucher ces petits fours en leur donnant la forme de petits biscuits à la cuillère, en se servant pour les coucher d'un cornet de papier auquel on laisse le trou par lequel doit sortir la pâte beaucoup plus petit que pour les biscuits à la cuillère, on couche ces biscuits de même sur les plaques graissées, et on les saupoudre de sucre en poudre : vous faites cuire ces petits fours, à four doux; si le four était trop chaud ils travailleraient trop, et s'étaleraient, mais pour être plus certain, vous mettez un essai au four quand vous commencez à coucher votre pâte, et quand vous êtes sûr de votre four, vous les enfournez; quand ils sont cuits, ce que vous reconnaîtrez quand vous verrez qu'ils ont la nuance des biscuits de Rheims, vous les sortez du four et vous les enlevez de dessus les plaques avant qu'ils soient froids; s'ils tenaient à la plaque, vous feriez chauffer un peu le dessous de la plaque, ce qui les ferait se détacher ; ce genre de petit four demande à être tenu dans un endroit très sec, sans cela, il se ramollit et perd de sa qualité, vous pouvez parfumer votre pâte en y joignant, soit de l'essence de vanille ou du zeste de citron râpé sur du sucre.

CHAPITRE VIII.

Biscuits soufflés, à la fleur d'orange pralinée.

(Sept onces sucre, une once fleur d'orange pralinée et trois blancs d'œufs.)

Vous pesez sept onces de sucre en poudre auxquelles vous joignez une once de fleur d'orange pralinée; après avoir pilé votre fleur d'orange, vous la mélangez avec le sucre en poudre (si vous aviez du sucre qui aurait servi à praliner de la fleur d'orange, vous pourriez l'employer en place de fleur d'orange, seulement il faudrait mettre deux onces de ce sucre et sept onces de sucre en poudre, ce qui vous ferait de même une demi-livre), ensuite vous mettez trois blancs d'œuf dans un petit bassin et les fouettez en neige et le plus ferme possible; quand vos blancs sont bien fermes, vous versez le sucre dedans en le mélangeant avec les blancs le plus légèrement possible, et vous servant pour faire ce mélange d'une spatule ; vous couchez votre pâte dans des petites caisses en papier, ces petites caisses portent ordinairement six centimètres de long sur trois de large ; vous vous servez pour les coucher d'une cuillère à dessert et vous les couchez en forme des meringues en les posant à mesure sur une grande feuille de papier ; quand ils sont tous couchés, vous les saupoudrez de sucre en poudre, et ensuite vous posez vos biscuits sur des plaques d'office en ayant soin de secouer chaque biscuit à mesure que vous les enlevez de dessus la feuille de papier pour faire tomber le sucre en poudre qui se trouve dans les coins de la caisse, vous les posez sur vos plaques à quatre centimètres de distance, et les faites cuire à four très doux ; quand ils sont d'un blond doré, vous les sortez du four.

Zéphyrs.

(Une livre amandes émincées, une demi-livre sucre et trois blancs d'œufs.)

Vous prenez une livre d'amandes que vous aurez émondées et émincées quelques jours d'avance pour qu'elles aient eu le temps de bien sécher, et vous mettez dans un petit bassin trois blancs d'œufs que vous fouettez en neige ; quand ils sont bien fermes, vous versez dedans une demi-livre de sucre en poudre en le mélangeant avec les blancs le plus légèrement possible. Pour faire ce mélange, vous commencez par mettre votre sucre sur une feuille de papier, et ensuite vous prenez la feuille de papier d'une main, après l'avoir ployée, et faites tomber le sucre doucement, pour que tout ne tombe pas à la fois dans vos blancs. A mesure que le sucre tombe, vous soulevez les blancs avec votre spatule pour que le sucre se mêle; vous joignez à cette préparation votre livre d'amandes émincées, en les mêlant de la même manière que vous avez mêlé le sucre. Quand votre pâte est ainsi préparée, vous couchez vos zéphyrs sur des feuilles de papier d'office, en vous servant d'une cuillère pour les coucher, et vous leur donnez la forme d'un quartier d'orange un peu allongé; quand ils sont tous couchés, vous mettez vos feuilles de papier sur des plaques et vous enfournez à four doux. Vous sortez vos zéphyrs du four quand vous voyez qu'ils sont d'un beau blond doré; vous ne les enlevez de dessus le papier que quand ils sont froids.

Vous pouvez mettre dans votre pâte un peu de vanille en poudre ou quelques gouttes d'essence de vanille.

Meringues tournées.

(Une demi-livre de sucre et trois blancs d'œufs.)

Vous commencez par peser une demi-livre de sucre en poudre (si votre sucre était pilé depuis quelque temps, vous le passeriez à travers un tamis de crin que vous aurez posé sur une feuille de papier ; on passe le sucre pour qu'il ne s'y trouve pas de grumeaux) ; ensuite vous fouettez en neige trois blancs d'œufs ; quand ils sont bien fermes, vous versez votre sucre dedans en le faisant tomber tout doucement et en soulevant les blancs avec une spatule pour bien mélanger le sucre avec les blancs d'œufs sans les fatiguer. Vous pouvez parfumer cette pâte avec de la vanille en poudre ou avec quelques gouttes d'essence de vanille.

Quand votre pâte est préparée, vous faites un cornet en papier, que vous fixez avec une épingle ; vous mettez votre pâte dedans, et vous coupez le bout de façon que le trou par lequel la pâte doit sortir soit assez grand pour y faire passer un bâton de vanille. Vous dressez vos meringues sur des feuilles de papier en les tournant en limaçon et les couchant à quatre ou cinq centimètres de distance. Quand toutes vos meringues sont couchées, vous les saupoudrez de sucre en poudre en tamisant du sucre au-dessus, vous enlèverez le sucre qui est sur le papier en le soufflant, car si vous enlevez la feuille de papier pour le faire tomber, toutes vos meringues tomberaient de côté ; quand elles sont ainsi dressées et saupoudrées, vous mouillez des planches de la largeur de vos feuilles de papier et qui puissent entrer dans votre four, vous mettez vos feuilles de papier dessus et faites cuire à un four très doux. Quand vous voyez qu'elles sont un peu fermes et qu'elles peuvent se lever de dessus le papier, vous les enlevez et les accouplez deux à deux en mettant les deux côtés qui ont posé sur le papier ensemble, et versant du sucre en grains sur la jointure au moment où vous les accouplez, et vous les posez sur un tamis. Après les avoir laissé refroidir, vous pouvez les servir.

Avec cette pâte, vous pouvez faire toutes espèces de meringues et leur donner la forme qui vous plaira, toutes les fois que vous voudrez les accoupler, vous les ferez cuire sur des planches mouillées.

Ballons.

La préparation de la pâte pour les ballons est la même que pour les meringues tournées et les doses sont aussi les mêmes. Quand votre pâte est préparée, vous la mettez dans un grand cornet de papier auquel vous coupez le bout de manière à ce que le trou par lequel doit sortir la pâte soit de grandeur à pouvoir y passer le bout du petit doigt, vous couchez vos ballons sur des feuilles de papier et de la grosseur d'une moitié de prune de reine-Claude, de manière à ce que deux moitiés de ballon étant accouplées ensemble forment un petit four de la grosseur d'une prune de reine-Claude; quand ils sont tous couchés, vous mouillez le bout d'un de vos doigts que vous posez légèrement sur chaque ballon pour faire disparaître la pointe que le cornet aura laissé, ensuite vous jonchez sur vos ballons du gros sucre et des amandes coupées en petits dés que vous aurez préparées d'avance, et ainsi qu'il suit; vous pilez du sucre et le passez dans une passoire à gros trous ; quand votre sucre est passé à travers la passoire, vous le faites passer au travers un gros tamis de crin et le sucre qui reste dans le tamis est celui qui doit vous servir pour joncher sur vos ballons; pour les amandes, vous prenez des amandes mondées et bien sèches que vous coupez en tout petits dés et le plus également possible ; vous prenez égale quantité de sucre que d'amandes, vous mêlez le tout ensemble et vous en jonchez sur vos ballons de manière à ce qu'ils en soient bien garnis, ensuite vous secouez légèrement la feuille de papier pour faire tomber sur la table le sucre et les amandes qui ne se sont pas attachées à vos ballons ; vous les faites cuire sur des planches mouillées et à four très doux; quand vous voyez qu'ils sont assez fermes pour pouvoir être enlevés de dessus le papier, vous les accouplez et versez du sucre en grains sur la jointure et les posez à mesure sur un tamis.

Quand on sort du four des meringues tournées ou des ballons, il ne faut pas sortir la planche tout-à-fait, il faut seulement la tirer à la bouche du four et levez vos meringues pour les accoupler.

CHAPITRE IX.

Pâte à Génoises.

(*Huit onces de sucre, quatre onces amandes, quatre onces beurre, quatre onces farine, quatre œufs entiers et quatre jaunes.*)

La pâte à génoises appartient à la pâtisserie, mais elle peut s'employer dans le dessert en lui donnant une forme élégante et la glaçant soit au chocolat ou à tout autre parfum. (Voyez *Glaces pour le petit four.*) Vous pilez quatre onces d'amandes mondées en les mouillant de temps en temps avec un peu de blanc d'œuf pour les empêcher de tourner à l'huile ; quand elles sont pilées vous mettez quatre onces de beurre bien frais dans une terrine, après avoir fait tiédir la terrine pour que le beurre puisse se ramollir sans fondre. Quand votre beurre est mou, vous le battez bien avec une spatule ou une cuillère de bois jusqu'à ce qu'il soit d'un beau velouté, ce qui demande quatre à cinq minutes ; ensuite vous mettez avec votre beurre huit onces de sucre en poudre, les quatre onces d'amandes que vous avez pilées et quatre jaunes d'œufs ; vous mélangez le tout ensemble en y joignant quatre œufs entiers, vous battez votre pâte encore sept à huit minutes et au bout de ce temps vous y joignez quatre onces de farine que vous mélangez avec les mêmes soins que pour la pâte des biscuits à la cuillère. Quand votre pâte est préparée, vous beurrez une plaque ou un plafond étamé et à rebords, vous versez votre pâte dedans d'un centimètre d'épaisseur et vous enfournez dans un four d'une chaleur modérée; si vous n'aviez ni plaque à rebord ni plafond, vous feriez des grandes caisses en papier que vous enduiriez de beurre et vous verseriez votre pâte dedans et poseriez vos caisses sur des plaques d'office pour les enfourner ; quand votre génoise vous paraîtra assez colorées, vous la sortirez du four et l'enlèverez de dedans le plafond ou la plaque à rebords, et après l'avoir retourné et posé sur une plaque d'office, vous la remettrez à la bouche du four pour qu'elle sèche un peu; cette pâte peut se garder quelques jours avant que d'être employée, et quand on est pour s'en servir, on la coupe en carrés longs ou en losanges, suivant la forme que vous voulez leur donner et vous les glacez. Vous pouvez parfumer votre pâte en y ajoutant quelques gouttes d'essence de vanille ou du zeste de citron ou d'orange, on peut même mettre avec le zeste d'orange une cuillerée à bouche de rhum.

CHAPITRE X.

PRÉPARATION DE LA GLACE POUR GLACER PLUSIEURS ESPÈCES DE PETITS FOURS.

—

Glacés à la vanille.

Vous prenez une livre de sucre que vous cassez par morceaux et le mettez dans un poêlon, après avoir mouillé votre sucre avec un tiers de litre d'eau; vous mettez votre poêlon sur le feu, vous mettez dans le sucre la moitié d'un bâton de vanille et le laissez cuire jusqu'au perlé (ou à 38 dégrès au pèse-sirop); quand votre sucre a atteint cette cuite, vous le retirez de dessus le feu et vous le versez dans une petite terrine, et après l'avoir laissée refroidir quelques minutes, vous retirez la vanille de dedans et vous le travaillez en frottant les parois de votre terrine avec une spatule ou une cuillère jusqu'à ce que le sucre commence à blanchir (ce qui demande quelquefois au moins un quart-d'heure); quand vous voyez qu'il blanchit, vous le remuez dans toute la grandeur de la terrine et vous trempez vos petits fours dedans et les posez à mesure sur une grille tel qu'il est indiqué à chaque espèce de petits fours glacés. Il ne faut pas attendre que le sucre soit grainé pour glacer ces petits fours, il faut les tremper aussitôt qu'on voit que le sucre prend une teinte blanchâtre, car si le sucre était trop grainé, vos glacés seraient ternes et marbrés, ce qu'il faut tâcher d'éviter ; quand on voit que son sucre graine trop vite et que l'on n'aurait pas le temps de glacer tout ce que l'on a préparé de petits fours, il faut mettre dans la glace deux ou trois cuillerées de sirop de sucre froid, ce sirop empêchera votre sucre de grainer aussi vite et fera conserver le brillant à vos glacés, mais il ne faut le mélanger avec votre glace que quand vous voyez qu'elle graine ; vous attendrez que vos glacés soient secs pour les enlever de dessus la grille ou les retirer d'après les brochettes.

Pour tous les différents parfums, la manière de travailler la glace est la même ; je n'ai à indiquer que la préparation du sucre.

Glacés à la liqueur.

Pour préparer de la glace, soit au kirch, soit au rhum, soit au marasquin ou à toute autre liqueur, il faut prendre une livre de sucre, le casser par morceaux, le mettre dans un poêlon, le mouiller avec un tiers de litre d'eau, mettre son poêlon sur le feu, faire fondre son sucre et le laisser cuire jusqu'à la glu (voyez cette cuite aux cuites du sucre, chapitre premier, p. 4) quand votre sucre a atteint cette cuite, vous le retirez de dessus le feu et vous versez dedans la liqueur jusqu'à ce que votre sucre soit décuit ou perlé (ou à 38 degrés au pèse-sirop); vous aurez soin de secouer votre poêlon pour faire mêler la liqueur avec le sucre à mesure que vous la versez dedans; si vous versiez la liqueur dans votre sucre quand il est sur le feu le parfum de la liqueur s'évaporerait et votre glace n'aurait aucun goût, quand votre sucre est décuit à perlé (ou à 38 degrés) vous le versez dans une petite terrine et vous suivez les mêmes procédés que pour les glacés à la vanille tant pour travailler le sucre que pour tout le reste de l'opération.

Glacés à l'orange.

Vous frottez une orange sur un morceau de sucre d'une livre pour en obtenir le zeste ; quand votre orange est zestée, vous cassez votre sucre par morceaux, le mettez dans un poêlon, le mouillez avec un tiers de litre d'eau et mettez votre poêlon sur le feu, faites fondre votre sucre et le faites cuire au fort perlé (ou à 40 degrés au pèse-sirop), quand votre sucre a atteint cette cuite, vous le retirez de dessus le feu et versez dedans deux cuillerées à bouche du jus de votre orange, ensuite vous le versez dans votre terrine et le travaillez de même que pour les glacés à la vanille.

Glacés au citron.

La préparation de cette glace se fait de même que celle à l'orange en employant nécessairement un citron au lieu d'une orange, et ne mettant dans le sucre qu'une cuillérée de jus de citron au lieu de deux qu'il est marqué pour l'orange, vu que le jus du citron est plus acide que celui de l'orange.

Glacés au café.

Vous commencez par mettre dans une grande cafetière à filtre, quatre onces de café en poudre frais brulé, autant que possible ; vous versez sur votre café un demi-litre d'eau bouillante, et laissez passer votre café, pendant qu'il passe vous pesez une livre de sucre que vous mettez dans un poêlon un peu grand; quand votre café est passé, vous en mesurez un tiers de litre que vous versez sur votre sucre, vous mettez votre poêlon sur le feu et faites fondre votre sucre; quand il est fondu, vous le laissez cuire au perlé (ou à 38 degrés au pèse-sirop), quand il a atteint cette cuite, vous le retirez de dessus le feu et le versez dans une petite terrine ; tout le reste du travail se fait de même que pour les glacés à la vanille.

Glacés au chocolat.

Vous prenez une livre de sucre que vous cassez par morceaux et mettez dans un poêlon un peu grand, vous mouillez votre sucre avec un tiers de litre d'eau et vous mettez votre poêlon sur le feu ; vous faites fondre votre sucre, ensuite vous faites dissoudre un quart de chocolat (le cacao ou chocolat sans sucre est préférable pour ce travail); pour faire dissoudre le chocolat, il faut le râper et le mettre dans une petite casserole, poser la casserolle sur un peu de cendres chaudes, et remuer votre chocolat avec une spatule tant qu'il ne soit mou et d'un seul morceau; quand il est mou, vous le délayez avec un verre d'eau bouillante en n'y mettant que très peu d'eau à la fois et remuant toujours votre chocolat pour qu'il ne forme pas de grumeau; quand votre chocolat est bien délayé, vous le versez dans votre sucre et vous laissez cuire le sucre au perlé (ou à 38 degrès au pèse-sirop); quand votre sucre a atteint cette cuite, vous le retirez de dessus le feu et le versez dans une petite terrine, tout le reste du travail se fait de même que pour tous les autres glacés. (Voyez *glacés à la vanille.*)

La glace qui vous reste quand vous avez fini de tremper vos petits fours, peut rester dans la terrine que vous aurez soin de couvrir pour qu'elle n'attrape pas de poussière, et vous pouvez vous en servir pour le même travail en la mettant dans un poêlon et la mouillant avec les mêmes proportions d'eau que pour le sucre en pain et le faisant cuire de même.

CHAPITRE XI.

Bouchées de Dames.

Vous préparez de la pâte à biscuit de même et dans les mêmes proportions que pour les biscuits à la cuillère (voyez *biscuits à la cuillère*). Vous mettez votre pâte dans un cornet de papier et vous couchez vos bouchées sur des feuilles de papier en les mettant à trois ou quatre centimètres de distance, et les couchant de la grosseur d'une croquignole; pour coucher les bouchées il suffit de pousser un peu de pâte et de tirer vivement son cornet pour que le dessus de la bouchée soit net. Quand toutes vos bouchées sont couchées, vous mettez vos feuilles de papier sur des plaques d'office et vous les faites cuire à un four d'une chaleur modérée, vous les retirez dès qu'elles sont colorées d'un beau blond, et vous les laissez sur le papier jusqu'au moment où vous êtes pour les glacer; alors vous les levez de dessus le papier en passant la lame d'un couteau mince entre la bouchée et le papier, vous mettez un peu de marmelade d'abricots sur le côté qui était sur le papier, et quand vous en avez apprêté deux, vous les mariez ensemble du côté de la confiture, ce qui doit former une boule de la grosseur d'un marron, vous les posez à mesure sur un tamis; le tout ainsi préparé, vous les piquez avec les mêmes brochettes qui vous servent pour mettre les fruits au caramel; vous trempez vos bouchées dans de la glace préparée pour les recevoir ; à mesure que vous les trempez dans la glace, vous les laissez égoutter en passant le bout de la brochette à travers la grille que vous aurez posée sur une terrine, de même que pour les fruits au caramel; quand elles sont sèches, vous les enlevez d'après les brochettes et vous bouchez avec un peu de votre glace le trou que la brochette aura laissée, en vous servant pour cela de la pointe d'un petit couteau, ne mettant que peu de glace et le plus proprement possible.

Les bouchées peuvent se glacer à plusieurs parfums, mais ce qui convient le mieux est le chocolat, ce qui leur donnent de la ressemblance avec les marrons.

Petits glacés.

Pour faire ce petit four, vous préparez et couchez de la pâte à biscuit, à la cuiller de même que pour les bouchées, seulement vous les couchez de la grandeur des macarons, vous les faites cuire comme les bouchées et sans les saupoudrer, vu qu'ils n'ont pas besoin d'être glacés au sucre en poudre; quand ils sont colorés d'un beau blond, vous les sortez du four et vous les laissez sur le papier jusqu'au moment où vous êtes pour les employer ; quand vous voulez les glacer, vous les levez de dessus le papier et vous étendez une légère couche de marmelade d'abricots ou toute autre confiture sur le côté qui portait sur le papier; quand ils sont ainsi préparés, vous piquez avec un petit couteau le côté qui est bombé et vous trempez dans la glace celui où est la confiture, vous posez votre biscuit sur une grille propre, en posant, bien entendu, sur la grille, le côté qui n'est pas glacé, vous le soutenez avec le doigt ou une fourchette quand vous retirez le couteau, et ainsi de suite jusqu'à ce que tout vos biscuits soient glacés ; vous laissez sécher votre glace avant que de les dresser sur vos assiettes.

Glacés de différentes formes.

Vous préparez de la pâte à biscuit à la cuillère que vous mettez dans des grandes caisses en papier que vous aurez préparées d'avance, vous en mettez environ deux centimètres d'épaisseur dans chaque caisse, vous posez vos caisses sur des plaques d'offices et les mettez au four, chaleur modérée ; quand vous voyez que la pâte est cuite, vous la sortez du four, et quand votre pâte à biscuit est froide, vous la retirez de dedans les caisses en papier et vous pouvez la couper suivant la forme que vous voulez donner à vos glacés; vous étendez de la confiture sur le côté qui touchait au papier et vous les glacez comme les précédents.

CHAPITRE XII.

Bâtons à la vanille.

Vous prenez un demi-bâton de vanille que vous pilez avec une demi-livre de sucre, en ne mettant que le quart de votre sucre à la fois, et le faisant passer à travers un tamis de soie à mesure que vous voyez que votre sucre est bien réduit en poudre; quand tout est pilé et passé au tamis de soie, vous pesez quatre onces d'amandes que vous pilez dans le même mortier sans le laver, vous pilez vos amandes jusqu'à ce que vous ne voyiez plus aucun fragment, en ayant soin de les mouiller de temps en temps avec un peu de blanc d'œuf pour qu'elles ne tournent pas à l'huile; quand elles sont bien pilées, vous faites entrer dans cette pâte le sucre que vous avez pilé avec votre vanille ; quand tout le sucre est mêlé avec vos amandes, vous continuez à mettre du sucre en poudre tant que vous pouvez en faire entrer dans votre pâte, ensuite vous la sortez du mortier et la maniez sur un marbre ou sur une table propre, vous l'abaissez avec un rouleau, après avoir eu soin de saupoudrer avec un peu de farine le marbre ou la table pour que la pâte ne s'attache pas après; quand votre pâte est abaissée de l'épaisseur d'un demi-centimètre, vous coupez les côtés et les bouts pour qu'elle forme un carré long portant quinze à seize centimètres de largeur et vous la glacez légèrement avec de la glace royale, que vous étendez également sur toute la surface en vous servant d'un couteau mince pour étendre votre glace; vous coupez votre pâte en deux sur sa longueur, ce qui forme deux bandes portant chacune sept à huit centimètres de large, vous coupez ces bandes sur le travers à deux centimètres de distance, ce qui vous formera des petits-fours ayant sept à huit centimètres de long sur deux centimètres de large, à mesure que vous les coupez, vous les posez à deux ou trois centimètres de distance sur des feuilles de papier que vous aurez posées sur des plaques d'office, vous les faites cuire à un four doux, vous les sortez du four quand vous voyez qu'ils sont d'un beau blond.

Vous rassemblez les rognures de votre pâte, les maniez ensemble, abaissez la pâte, la glacez, et coupez de nouveau.

Si ces petits fours tenaient au papier, vous retourneriez la feuille sur une autre feuille de papier propre et vous l'humecteriez avec une éponge ou le coin d'une serviette mouillée, au bout d'un instant vos petits fours se détâcheront facilement.

CHAPITRE XIII.

Glace royale.

Vous mettez un blanc d'œuf dans une petite terrine avec trois cuillerées de sucre en poudre, vous travaillez avec une spatule et en ajoutant du sucre en poudre, jusqu'à ce que votre glace soit d'une consistance un peu épaisse, sans cependant être ferme, et vous y joignez trois ou quatre gouttes de jus de citron; vous travaillez votre glace encore au moins un quart d'heure, ce qui lui donne un beau velouté.

Cette glace peut vous servir pour glacer des petits fours et même des bonbons.

CHAPITRE XIV.

Petits pains aux marrons.

(Six onces de marrons grillés, quatre onces de beurre, quatre onces de farine, trois onces de sucre, un œuf entier et un grain de sel.)

Vous commencez par faire griller de trente à trente-six marrons; quand ils sont cuits, vous les épluchez, et après avoir retiré les parties durcies par le feu, vous pesez six onces de ce fruit; vous les pilez avec deux onces de bon beurre bien frais; lorsqu'on ne voit plus aucun fragment de marrons, vous passez cette pâte à travers un tamis de crin, vous servant pour la faire passer d'une cuillère de bois ou d'une spathule, ensuite vous remettez votre pâte dans le mortier en y joignant un œuf entier, deux onces de beurre et un grain de sel, vous mêlez cette pâte avec votre pilon; quand tout est bien mélangé, vous mettez avec trois onces de sucre en poudre et quatre onces de farine que vous faites entrer dans votre pâte; quand le sucre et la farine sont mêlé avec la pâte, vous la sortez du mortier et vous la maniez bien sur une table jusqu'à ce que l'on ne voie plus aucune nuance de beurre ni de marrons et que la pâte soit bien lisse; roulez cette pâte et coupez-la en quatre parties égales, roulez chaque partie en l'allongeant jusqu'à ce qu'elle soit de la grosseur d'un doigt, ensuite vous la coupez par petits morceaux de trois centimètres de longueur et leur donnez en petit la forme d'un pain de gruau; à mesure que vous les tournez, vous les placez sur une plaque de cuivre étamée, beurrée légèrement et saupoudrée de farine ou cirée avec de la cire vierge; quand tous vos petits pains sont sur les plaques, vous appuyez sur le milieu de chacun d'eux un morceau de bois formant le triangle, que vous aurez façonné pour cet usage, ce qui devra former la raie qui se trouve ordinairement au pain de gruau; vous les dorez avec un pinceau faiblement humecté de jaune d'œuf et les mettez au four, chaleur modérée; donnez-leur une belle couleur et laissez-les un peu ressuyer à la bouche du four, afin qu'ils soient bien croustillants.

Petits pains aux avelines.

(Quatre onces d'avelines, quatre onces de sucre en poudre, quatre onces de farine, deux onces de beurre, deux ou trois jaunes d'œufs.)

Vous prenez quatre onces d'avelines que vous mettez dans un poêlon d'office et sur un feu très doux, en les remuant avec une spatule ; quand vous voyez que vos avelines commencent à griller, vous les enlevez de dessus le feu et les mettez dans un torchon propre; vous les frottez fortement pour enlever la peau, vous les triez d'avec cette peau et les laissez refroidir; quand elles sont froides, vous les pilez en les mouillant de temps en temps avec un peu de blanc d'œuf pour qu'elles ne tournent point à l'huile; quand elles sont bien pilées, vous mettez dans votre mortier deux onces de beurre, un grain de sel et quatre onces de sucre en poudre ; vous mélangez le tout ensemble en y joignant trois jaunes d'œuf que vous mettez l'un après l'autre ; quand tout est bien mélangé, que l'on ne voit plus de nuance de beurre ni d'avelines, vous faites entrer dans cette pâte quatre onces de farine; quand la farine est mêlée avec votre pâte, vous la sortez du mortier et la maniez sur un marbre ou sur une table propre jusqu'à ce qu'elle soit bien lisse ; le reste se fait de la même manière que pour les petits pains aux marrons.

Petits pains aux amandes.

Les petits pains aux amandes se font de même que ceux aux avelines, en mettant quatre onces d'amandes mondées à la place des quatre onces d'avelines grillées, et préparant la pâte de la même manière et ne changeant rien pour le reste de l'opération. Ces petits pains peuvent se servir avec le thé.

CHAPITRE XV.

Petit four pour servir avec le thé.

Vous prenez une livre de farine que vous mettez sur une table ou sur un marbre ; vous faites une petite fontaine au milieu de votre farine, et vous y mettez un grain de sel, deux onces de beurre frais et un verre de sirop de sucre froid (voyez Sucre clarifié, page 2); vous détrempez votre pâte en ajoutant du sirop pour pouvoir faire entrer toute la farine ;

quand la pâte est lisse et un peu ferme, vous en coupez des petits morceaux que vous alongez en les roulant et auxquels vous donnez la forme que vous voulez, tels que des nattes, des petits bâtons ou toute autre forme; vous les posez à mesure sur des feuilles de papier, que vous aurez posées d'avance sur des plaques d'office, et les faites cuire à four chaud et ouvert. Quand ils commencent à prendre un peu de couleur, vous les sortez du four et les tenez dans un endroit sec.

Autre espèce de petit four pour le thé.

Vous pesez une demi-livre de farine que vous mettez sur un marbre ou sur une table bien unie; vous faites une fontaine au milieu de votre farine et vous versez au milieu un demi-verre de crême double coupée avec un demi verre d'eau, ce qui vous fait un verre de liquide; vous détrempez votre pâte en la maniant bien ; si, quand toute la farine sera imbibée, la pâte était encore molle, vous ajouteriez d'autre farine jusqu'à ce qu'elle soit très ferme, vous prenez un morceau de votre pâte (et laissez le reste de la pâte sous une terrine pour qu'elle ne durcisse pas), que vous abaissez le plus mince possible en vous servant d'un rouleau ; quand elle est abaissée également et de l'épaisseur d'une pièce de dix sous, vous roulez dessus une râpe à sucre, ce qui la marquera de petits trous carrés, car chaque trou de la râpe s'imprimera sur la pâte ; quand vous aurez un morceau de pâte de préparé ainsi, vous le saupoudrez légèrement de sel blanc et le découpez avec un emporte-pièce rond et de la grandeur de l'embouchure d'un verre à vin de Bordeaux, et à mesure que vous enlevez un rond de pâte avec l'emporte-pièce, vous le posez sur une plaque d'office étamée et bien propre, et quand la plaque est couverte de pâte vous la mettez au feu à une chaleur modérée ; quand vos ronds commencent à prendre un peu de couleur, vous les sortez du four, et au bout d'un instant vous les mettez sur un tamis, et les tenez dans un endroit sec jusqu'à ce que vous les serviez.

Vous continuez ainsi de suite jusqu'à ce que toute votre pâte soit employée, en ayant soin, chaque fois que vous reprenez de la pâte, de mêler celle qui était restée sur la table après avoir été abaissée, avec celle que vous sortez de dessous la terrine.

CHAPITRE XVI.

Gaufres d'office.

(Deux onces de sucre en poudre, deux onces de farine, gros comme une noix de beurre, un grain de sel, un œuf entier.)

Vous mettez dans une terrine deux onces de sucre

en poudre, deux onces de farine et un grain de sel ; vous cassez dans la même terrine un œuf entier et vous battez le tout ensemble avec une spatule ; pendant ce temps, vous faites tiédir dans une petite casserolle, ou dans un poêlon d'office, un verre d'eau dans laquelle vous aurez mis gros comme une noix de beurre frais, quand le beurre est fondu, vous délayez votre pâte avec cette eau, ce qui doit donner à votre appareil la consistance de la crême double ; s'il paraissait plus épais, vous pourriez y joindre un peu d'eau.

Vous pouvez parfumer vos gaufres en mettant dans l'appareil quelques gouttes d'essence de vanille ou quelques gouttes d'eau de fleur d'orange.

Vous mettez ensuite votre gaufrier sur un feu modéré et bien égal, pendant qu'il chauffe, vous le retournez plusieurs fois pour qu'il chauffe également ; le fer étant chaud, vous le beurrez légèrement et vous versez une cuillerée d'appareil sur le côté de fer qui est décoré et ayant soin d'étaler l'appareil sur toute la surface du fer ; vous fermez le gaufrier, sans l'appuyer, pour ne pas faire sortir la pâte, ce qui rendrait la gaufre plus mince d'un côté que de l'autre et elle ne cuirait pas également, par la raison que la partie mince serait cuite avant l'autre ; au bout de quelques secondes que le gaufrier est sur le feu vous le retournez et l'appuyez peu à peu pour que les dessins s'impriment sur la pâte. Vous ouvrez le gaufrier de temps en temps pour vous assurer de la cuisson de votre gaufre, et quand vous voyez qu'elle est d'une belle couleur jaunâtre, vous fermez le gaufrier et enlevez avec un couteau les barbes que la pâte aura formées autour du gaufrier, ensuite vous ouvrez votre gaufrier, posez sur votre gaufre un petit rouleau et la roulez dessus, vous beurrez de nouveau votre gaufrier et continuez ainsi de suite jusqu'à ce que tout l'appareil soit employé, ce qui doit vous donner une douzaine de gaufres. Aussitôt que vous aurez reposé votre gaufrier sur le feu, vous retirez votre gaufre d'après votre rouleau et la posez sur un tamis.

Pour avoir des demi-gaufres il suffit, quand la gaufre est cuite et qu'elle est encore sur le gaufrier, de lui faire une raie sur le travers et au milieu avec la pointe d'un couteau avant de la rouler sur le rouleau. Toutes ces opérations doivent être faites le plus vivement possible.

Il ne faut faire les gaufres que très peu de temps avant de les servir et les tenir dans une étuve ou un endroit très sec, car la moindre humidité les ramolirait et elle ne seraient plus bonnes.

TROISIÈME PARTIE.

ompotes. — Confitures — Marmelades — Pâte de fruits. — Fruits confits.

CHAPITRE PREMIER.

DES COMPOTES.

Compotes de Pommes.

Il faut avoir soin de préparer du sirop à l'avance pour que vos pommes n'attendent pas une fois qu'elles sont blanchies; vous prenez une demi-livre de sucre que vous mettez dans un poêlon en le mouillant avec un cinquième de litre d'eau, vous mettez votre poêlon sur le feu et pendant que le sucre fond, vous mettez de l'eau fraîche dans une petite terrine en y joignant le jus de la moitié d'un citron, ensuite vous prenez cinq à six pommes de Calvil côtes que vous choisissez bien saines, vous les coupez en deux et vous enlevez la peau le plus nettement possible pour que l'on ne voit pas les coups de couteau, vous enlevez ensuite les trognons et mettez vos pommes dans l'eau. Il ne faut fendre vos pommes qu'à mesure que vous les pelez, car les pommes noircissent de suite. Aussitôt qu'elles sont coupées(et si vous les coupiez toutes d'avance, celles qui seraient pelées les dernières seraient toutes noires), quand elles sont toutes pelées et dans l'eau, vous les mettez dans un poêlon qui puisse contenir une quantité suffisante d'eau pour que tous les morceaux de pommes puissent tremper à l'aise ; vous pressez dans cet eau le jus de votre autre moitié de citron et vous coupez un rond de papier de la grandeur de votre poêlon et que vous posez sur vos pommes, ensuite vous mettez votre poêlon sur le feu pour faire blanchir vos pommes.

Vous reconnaissez qu'elles sont assez blanchies quand en les touchant avec le doigt on sent qu'elles fléchissent ; la pomme est le fruit le plus difficile à faire blanchir bien à point, sans qu'elle se mette en marmelade, car aussitôt que l'eau bout elle se déchire de suite ; ainsi tout aussitôt que vous voyez que votre eau commence à bouillir, vous mettez votre poêlon sur le coin de votre fourneau jusqu'à ce que tous vos morceaux de pommes soient assez blanchis; il faut à mesure que vous voyez un morceau qui le paraît assez, le retirer de suite sans attendre qu'ils le soient tous, et à mesure que vous les sortez de l'eau bouillante, vous les posez sur une serviette ou un torchon propre, plié en quatre et posé sur une table, ce qui éponge toute l'eau de vos pommes. Quand tous vos morceaux de pommes sont ainsi préparées, vous jetez l'eau qui vous a servi à les faire blanchir, essuyez votre poêlon et mettez votre sirop et vos pommes dedans en mettant le sirop avant les pommes pour qu'elles ne s'abîment pas, et ensuite vous remettez votre poêlon sur le feu et laissez prendre à vos pommes un petit bouillon ; une fois dans le sirop les pommes craignent moins de se crever, mais il ne faudrait pas pour cela les laisser bouillir trop long-temps, une minute suffit. Si vous aviez des morceaux de vos pommes qui aient été trop blanchis, il ne faudrait même pas les faire bouillir du tout, mais seulement chauffer un peu. Aussitôt donc que vos pommes auront prises un bouillon, vous retirez votre poêlon de dessus le feu et mettez votre compote dans une petite terrine ; si vous étiez pour servir votre compote de suite, au lieu de la mettre dans votre terrine, vous la mettriez dans votre compotier et vous verseriez votre sirop dessus en le passant à travers un petit tamis de soie; mais il faut autant que possible faire ses compotes d'avance, soit la veille au soir ou le matin du jour où on est pour les servir ; étant faite un peu de temps d'avance, le sirop pénètre davantage le fruit et la compote est meilleure; quand on la fait d'avance il faut, comme je l'ai déjà marqué, la mettre dans une petite terrine et mettre dessus un rond de papier qui porte sur le sucre; vous ne la mettriez dans votre compotier que peu d'instants avant de la servir et passeriez le sirop au tamis de soie ; si vous dressiez votre compote trop long-temps d'avance, vos pommes jauniraient. Quand on couvre ces compotes d'une gelée, il ne faut mettre la gelée dessus que quand la compote est froide et peu de temps avant de la servir. Le point essentiel pour les compotes de pommes et de poires est de les faire bien blanches : c'est là le beau de ces compotes.

Compotes de Poires.

Pour faire une compote de poires, vous prenez cinq ou six poires, soit de bon-chrétien, de Saint-Germain d'hiver ou Martin-Sec ; le Martin-Sec principalement est très bon à employer pour compote, ce fruit ne se fend pas en blanchissant et est assez blanc.

Vous prenez donc vos poires, vous les fendez en deux et vous les mettez dans un poêlon un peu grand que vous emplissez d'eau ; il faut toujours mettre beaucoup d'eau pour faire blanchir les poires, car souvent elles bouillent longtemps avant d'être assez blanchies ; vous mettez ensuite votre poêlon sur le feu en mettant dans votre eau un peu de jus de citron : il faut avoir soin, une fois que l'eau bout, de tâter les poires de temps en temps pour ne pas les laisser trop blanchir, vous pouvez juger qu'elles le sont assez quand vous sentez qu'elles se ramollissent et qu'elles fléchissent sous le doigt. A mesure que vous voyez un morceau qui paraît assez blanchi, vous le retirez de dedans le poêlon et le mettez dans une terrine d'eau fraîche dont vous vous précautionnez à l'avance, et vous continuez ainsi à les retirer à mesure que vous voyez qu'ils le sont assez. Il est rare que vos morceaux se trouvent blanchis tous à la fois, mais pour qu'il y ait moins d'intervalle, il faut choisir ces poires autant que possible au même point de maturité, soit que vous les preniez chez un marchand ou que vous les ayez en provision ; quand on les prend sans faire attention, il arrive quelquefois que sur six poires que l'on emploie, deux sont assez blanchies au bout de deux ou trois minutes que l'eau bout et que les autres bouillent quelquefois jusqu'à trois quart d'heure, quand toutes vos poires sont dans l'eau fraîche vous prenez une demi-livre de sucre que vous mettez dans un poêlon en le mouillant avec un quart de litre d'eau filtrée et mettez le poêlon sur le feu pour que le sucre ait le temps de fondre tandis que vous pelez vos poires, à moins que vous ne l'ayez fait fondre d'avance.

Quand votre sucre est fondu, vous le retirez de dessus le feu et vous enlevez la peau de vos poires le plus proprement possible en vous servant d'un petit couteau qui coupe bien, et vous enlevez le trognon et les pépins, et vous grattez les queues ; à mesure que vous pelez vos morceaux de poire vous les frottez légèrement avec une moitié de citron et vous les mettez dans le sucre, ensuite vous remettez votre poêlon sur le feu et laissez prendre quelques bouillons à vos poires en les laissant bouillir de deux à trois minutes, puis vous retirez votre poêlon de dessus le feu et versez le tout dans une petite terrine que vous couvrez d'un papier jusqu'à ce que vous dressiez votre compote dans votre compotier. Si l'on vous demandait vos compotes plus sucrées qu'elles ne sont ordinairement, vous feriez vos compotes de poires toujours la veille que vous devez les servir et le jour au matin, vous égouteriez le sirop de votre compote dans un poêlon et le feriez recuire un peu en lui faisant prendre quelques bouillons, puis vous reversez votre sirop sur vos poires.

Mais cette opération jaunit toujours un peu votre compote, et si vous faisiez cuire votre sirop davantage quand vous mettez vos poires au sucre, le sucre ne s'imbiberait pas dans vos poires, parce qu'il serait trop épais, et elles se racorniraient

Compote de poires rouges.

Vous prenez quatre poires, appelées catillard ou catillac, vous les fendez en quatre après les avoir pelées, et enlevez les trognons, vous les mettez dans une casserolle propre, nouvellement étamée s'il est possible, en y joignant un petit morceau ou une cuillère d'étain, ce qui doit aider à faire rougir vos poires; ensuite vous mettez dans la casserolle deux verres de bon vin (le vin de Bordeaux est le préférable), le zest d'un citron ou un demi-bâton de vanille, deux verres d'eau et une demi-livre de sucre que vous cassez par morceau avant de le mettre dans la casserolle. Quand tout est ainsi préparé vous mettez votre casserolle sur le feu, et quand vous voyez que votre compote bout, vous modérez le feu et laissez cuire tout doucement jusqu'à ce que le sirop commence à épaissir, ce qui doit demander au moins deux heures, et quand vous voyez que votre sirop est assez épais et que vos morceaux de poires sont cuits vous retirez le tout de dessus le feu et le versez dans une petite terrine que vous couvrez d'un rond de papier, quand vous dressez vos morceaux de poires dans votre compotier vous versez le sirop dessus en le passant à travers un tamis de soie.

Compote d'oranges.

Vous prenez six moyennes oranges que vous pelez au vif, vous les coupez en deux ou quatre à votre choix, ensuite vous enlevez les pépins et le blanc qui est au milieu de l'orange, en donnant un coup de couteau en creusant; s'il restait quelques pépins qui se trouveraient enfoncés dans la chair de l'orange, il faudrait avoir soin de les enlever car le pépin donne un goût amer et désagrable à la compote. Vous mettez vos oranges à mesure que vous les pelez dans une petite terrine; quand elles y sont toutes, vous versez dessus du sirop de sucre suffisamment pour qu'elles trempent, si vous n'aviez pas de sirop de sucre préparé, vous feriez fondre une demi-livre de sucre sur le feu en le mouillant avec un verre d'eau, et quand votre sucre serait fondu vous le laisseriez refroidir avant de le verser sur vos oranges, à moins que vous ne soyez pour servir votre compote peu de temps après : alors vous le verseriez chaud pour que vos oranges se sucrent plus vite, vu que le sirop chaud pénètre le fruit plus vite que le froid, mais il faut autant que possible faire sa compote d'orange la veille et la sucrée avec du sirop froid.

Quand vous voulez servir votre compote vous rengez vos morceaux d'orange dans votre compotier et versez le sirop dessus en le passant au tamis de soie.

Compote de coings.

Vous prenez des coings que vous coupez en deux ou en quatre, suivant leur grosseur, vous les mettez, à mesure que vous les pelez et ôtez les trognons, dans un poêlon dans lequel vous aurez mis de l'eau, quand ils y sont tous vous mettez votre poêlon sur le feu et les faites blanchir ; quand vous voyez, en les touchant avec le doigt, qu'ils commencent à fléchir, vous les retirez et les mettez à mesure dans de l'eau fraîche ; ensuite vous les mettez dans un sirop que vous aurez préparé, de même que pour les compotes de poires blanches et vous la finissez de la même manière.

Toute la différence qui existe entre ces deux compotes c'est que les poires se pellent après être blanchies et que les coings se pellent avant. On sert souvent en compote des coings confits.

Compote de cerises.

Vous choisissez trois quarts *de livre* de cerises bien transparentes et sans taches, ensuite vous prenez une demi-livre de sucre que vous cassez par morceaux, le mettez dans un poêlon et le mouillez avec un sixième de litre d'eau, vous faites fondre votre sucre et le laissez cuire au boulet; pendant le temps que votre sucre cuit vous coupez la queue par la moitié à vos cerises, en mettant de côté celles qui seraient tachées (il ne vous en faut, pour votre compote, pas plus d'une demi-livre à dix onces). Quand votre sucre est cuit vous jetez dedans les cerises auxquelles vous aurez coupez la queue et les laissez sur le feu en les remuant légèrement jusqu'à ce que tout le sucre soit devenu liquide, ce qui arrivera quand elles auront bouillies une minute et qu'elles auront prises ce qu'on appelle un bouillon couvert, alors vous retirez votre poêlon de dessus le feu et enlevez vos cerises de dedans avec une écumoire ou une cuillère d'argent et vous les rangez une à une dans votre compotier en les posant les queues en l'air; quand toutes vos cerises sont ainsi rangez, vous remettez votre poêlon sur le feu et laissez recuire un peu votre sirop; vous le versez ensuite dans votre compotier et le plus doucement possible pour ne pas déranger vos cerises.

Compote de Framboises.

On peu faire des compotes de framboise en opérant de la même manière que pour les cerises, seulement il faudrait arracher les queues au lieu de les couper et poser les fruits dans le compotier le côté de la queue en bas; mais la framboise se racornit presque toujours et perd de son parfum au feu, c'est pour ce motif que dans la saison de ce fruit on le sert presque toujours au naturel comme les fraises, dans un compotier, et qu'on les mange avec du sucre en poudre.

On sert aussi de même des groseilles qu'on égraine et que l'on met dans un compotier. Il faut, pour cela, les choisir bien mûres.

Compote d'abricots.

Vous prenez de beaux abricots, que vous coupez en deux, vous les mettez dans un poêlon avec de l'eau fraîche; vous mettez le poêlon dessus le feu, et quand vous voyez que vos abricots montent, ou pour mieux dire, quand vous voyez un quartier qui monte sur l'eau, vous l'enlevez de suite avec une petite écumoire ou une cuillière et vous les mettez à mesure dans l'eau fraîche. Quand tout vos abricots sont blanchis et mis à l'eau fraîche, vous les mettez égouter. Pendant qu'ils s'égouttent, vous faites fondre une demi-livre de sucre, que vous cassez dans un poêlon et le mouillez avec un cinquième de litre d'eau filtrée. Vous mettez le poêlon sur le feu, et quand votre sucre est fondu vous mettez vos abricots dedans et les laissez frissonner un peu sur le feu ; ensuite les dressez dans votre compotier et vous passez le sirop à un tamis de soie avant de le verser sur vos abricots.

Si vos abricots vous paraissaient trop mûrs pour pouvoir se blanchir, vous les mettez tout bonnement au sirop, après les avoir fendu en deux pour ôter les noyaux.

Quelquefois on met des amandes d'abricots dans la compote, pour cela il faut casser ses noyaux et fendre ses amandes en deux après les avoir épluchées et les mettre dans le sirop au moment où vous y mettez vos abricots, pour qu'ils aient le temps de prendre le goût des amandes.

Compote de pêches.

Vous prenez quatre ou cinq pêches, vous les fendez en deux et vous les mettez dans un poêlon avec de l'eau sur le feu ; quand vous voyez que la peau peu s'enlever, vous retirez vos pêches de l'eau et les posez sur une serviette ou un torchon propre, ensuite vous retirez la peau de vos pêches et les passez à mesure dans votre compotier, et vous faites chauffer un sirop de sucre que vous versez sur vos pêches, ou vous faites fondre du sucre comme il est marqué pour les abricots, et, quand votre sucre est fondu, vous le versez sur vos pêches, mais il ne faut pas qu'elles aillent au feu.

Compote de mirabelles.

Vous prenez des mirabelles en quantité suffisante pour faire une compote ; vous les piquez avez une épingle à sept ou huit endroits et coupez les queues à la moitié; vous les mettez ensuite dans un poêlon avec de l'eau, vous mettez le poêlon sur le feu, et quand vous voyez que vos mirabelles montent sur l'eau, vous les enlevez avec une écumoire au fur et à mesure qu'elles montent et les mettez dans de l'eau fraîche que vous aurez préparée dans un vase pour les recevoir ; quand toutes vos mirabelles sont blanchies et rafraîchies, vous les égouttez et faites fondre une demi-livre de sucre sur le feu dans un cinquième de litre d'eau; quand votre sucre est fondu, vous jetez vos mirabelles dedans et leur laissez prendre un bouillon, et ensuite vous les prenez avec votre écumoire et les dressez dans votre compotier, en les mettant les queues en l'air; quand toutes vos mirabelles sont dressées vous faites reprendre un bouillon à votre sirop et le versez tout doucement sur vos mirabelles pour ne pas les déranger.

Compote de marrons.

Vous prenez trente beaux marrons, plus ou moins, suivant la grandeur de vos compotiers, vous les faites griller avec précaution pour qu'il ne se trouve pas de place brûlée; vous les épluchez pendant qu'ils sont chauds, à mesure que vous en épluchez un vous le mettez dans le coin d'une serviette ou d'un torchon propre, ensuite vous appuyez dessus avec la paume de la main, ce qui l'aplatit, mais le côté sur lequel la main porte est encore un peu bombé, vu qu'il prend la forme du creux de la main, et c'est toujours le côté le mieux grillé qu'il faut mettre du côté où la main appuie, vu que, dans le compotier, c'est ce côté qui doit se trouver en dessus. Quand tous vos marrons ont subi cette opération, vous en prenez deux de même grosseur, vous mettez de la marmelade d'abricot sur le côté le plus plat d'un de vos deux marrons et posez l'autre dessus, ce qui les colle ensemble ; ensuite vous mettez ces deux marrons, qui n'en font plus qu'un, dans votre compotier et ainsi de suite jusqu'à ce qu'il soit garni. Ensuite vous mettez une demi-livre de sucre dans un poêlon; mouillez votre sucre avec un sixième de litre d'eau et mettez le poêlon sur le feu ; quand le sucre est fondu et qu'il bout, vous le versez sur vos marrons.

Souvent on met dans son compotier, au moment où on y met ses marrons, le tiers d'un bâton de vanille, qu'on laisse jusqu'au moment où l'on ets pour servir la compote. Si tout le sirop que vous aurez fait fondre ne tenait pas dans votre compotier, vous mettriez ce qui resterait de côté pour en remettre le lendemain sur les marrons. Comme cette compote demande à être faite la veille pour que le sirop ait le temps de s'imbiber dans les marrons; et souvent il s'imbibe tellement qu'il ne reste plus de liquide dans le compotier, si vous n'aviez pas assez du sirop que vous auriez mis de côté pour qu'ils baignent, vous mettriez du sirop de sucre.

Avant de servir votre compote, vous retirez la vanille.

Compote de marrons en vermicelle.

Vous prenez cinquante marrons que vous faites griller, vous les épluchez et retirez avec un couteau les places qui seraient brûlées, ensuite vous les cassez par morceaux et les mettez dans un poêlon en y joignant un peu de vanille ou un peu d'eau de fleur d'orange (mais la vanille est meilleure), vous les mouillez avec un cinquième de litre d'eau et vous mettez le poêlon sur le feu; quand vos marrons auront bouilli cinq minutes, vous pesez une demi-livre de sucre en poudre, que vous mettez avec vos marrons, en remuant avec une spatule. Après avoir retiré la vanille vous versez le tout dans un mortier et pilez vos marrons pour en faire une pâte ; quand vous jugez qu'ils sont assez pilés, vous mettez sur une table une grande feuille de papier ou une serviette, vous mettez votre compotier au milieu et mettez au-dessus du compotier un tamis de crin en ayant soin qu'il ne porte pas sur votre compotier ; si le tamis était trop bas et qu'il porte dessus, vous mettriez le compotier au fond d'une grande terrine et le tamis au-dessus, ensuite vous faites passer votre pâte à travers le tamis et de manière à ce qu'elle tombe dans votre compotier, ce qui formera des imitations de vermicelle ; si votre pâte était trop dure et qu'elle ne puisse pas passer, vous y ajouteriez un peu de sirop ; quand votre compotier est plein et comble, vous essuyez les bords et vous versez un peu de sirop à l'entour.

Si vous servez cette compote et que l'on n'y touche pas, ou très peu, vous pourrez ajouter le lendemain un peu de sucre en poudre et la dessécher sur le feu en la mettant dans un poêlon et la remuant avec une spatule jusqu'à ce qu'elle ait assez de consistance pour pouvoir se former en boule, alors vous pourriez vous en servir pour faire des marrons au chocolat. (Voyez Marrons au chocolat, p. 79.)

Compote d'ananas.

On ne se sert pas souvent de compote d'ananas,

car lorsque l'on a un ananas à servir pour dessert, il est préférable de le servir en entier sur une corbeille de fruits; mais il des occasions où il faut en servir: telles que, quand on a un ananas qui aura été entamé dans un dîner précédent, alors vous épluchez votre ananas en enlevant tout le tour, ensuite vous le coupez en tranche d'environ un centimètre d'épaisseur, et vous mettez ses tranches dans une petite terrine, en versant du sirop dessus comme pour vos compotes d'oranges et vous les dressez le lendemain dans votre compotier, car cette compote doit autant que possible être faite la veille.

Il ne faut pas perdre les épluchures de votre ananas, il faut les faire bouillir avec un peu de sirop et les conserver dans un pot bien bouché et laisser le sirop avec. Ce sirop pourra vous servir pour plusieurs espèces de bonbons, telles que conserves mattes, bonbons fondants ou à la liqueur. S'il vous restait de l'ananas, soit en tranche après avoir été servi pour compote, soit après avoir été servi en entier, il faudrait le mettre avec un peu de sirop dans des petites bouteilles et à l'ébullition. (Voyez Ananas, Conserves.)

Gelée de pomme pour couvrir les compotes.

Si vous avez deux ou trois compotes à couvrir, prenez deux moyennes pommes de Reinette, fendez-les en quatre, enlevez les trognons et les pépins, lavez vos quartiers, car on laisse la peau, mais si on tenait à les peler, il faudrait mettre trois pommes au lieu de deux, ensuite émincez-les, ou pour mieux dire coupez-les en petites tranches dans un poêlon où vous aurez mis un quart de litre d'eau filtrée; vous mettez ensuite votre poêlon sur le feu et vous laissez cuire vos pommes, ce qui demande au plus cinq ou six minutes à bouillir; quand vos pommes sont cuites, ce que vous reconnaîtrez quand vous les verrez se mettre en marmelade, vous les jetez dans un petit tamis de soie ou dans le coin d'une serviette que vous aurez mouillée, pressée et mise au-dessus d'une petite terrine pour que le jus s'égoutte; quand le jus est égoutté, ce que vous aidez en pressant vos pommes en appuyant sur le tamis avec votre cuillère ou tordant votre serviette, vous mettez votre jus dans votre poêlon et y joignez un quart de beau sucre que vous aurez cassé par petits morceaux, et vous mettez le poêlon sur le feu, en aidant à fondre au sucre en l'écrasant avec une cuillère d'argent ou une petite écumoire. Pour connaître la cuite, vous observez que votre décoction montera en bouillant et que vous serez même obligé de la battre avec votre cuillère ou votre écumoire pour l'empêcher de se sauver hors du poêlon, quoique vous ayez eu soin de le prendre un peu grand. Donc, sitôt que vous verrez qu'elle ne montera plus, vous retirerez votre poêlon de dessus le feu et, en regardant avec votre cuillère, vous verrez qu'elle est cuite à la nape, on reconnaît cette cuitte quand, en sortant la cuillère de dedans la gelée, la goutte qui est à la cuillère s'élargit et se casse en tombant; du reste, du moment où elle ne monte plus dans le poêlon elle est assez cuite. Vous la versez de suite dans des plats d'entrée en porcelaine ou en argent; vous en mettez le plus mince possible et vous posez vos plats sur un marbre ou sur une table bien de niveau pour que votre gelée ne soit pas plus épaisse à une place qu'à l'autre; quand vous êtes pour couvrir vos compotes, vous prenez une feuille de papier que vous coupez en deux, ensuite vous appliquez votre feuille de papier sur votre gelée, de manière à ce qu'elle porte bien partout, ensuite vous faites chauffer le dessous de votre plat; quand vous sentez qu'il est chaud, vous le retirez de dessus le feu, le retournez et vous enlevez la feuille de papier tout doucement en ne tirant que d'un côté à la fois: votre gelée doit venir avec, si une place tenait au plat, vous la détacheriez en vous servant d'un couteau. Quand on fait chauffer son plat, il faut avoir soin que ce soit sur un feu très doux ou même de la cendre chaude, car si le feu était trop vif il ferait jaunir votre gelée, il faut aussi avoir soin que le plat ne chauffe que suffisamment pour que la gelée puisse s'enlever, mais il ne faut pas qu'elle fonde, donc, quand la gelée est enlevée de dedans le plat et qu'elle est sur la feuille de papier, vous la reposez sur votre compote, et pour enlever le papier, qui alors tient à la gelée, vous prenez une petite éponge avec laquelle vous mouillez le papier partout également, et au bout de quelques secondes que le papier est mouillé, vous pouvez l'enlever, il ne tient plus et la gelée reste seule sur la compote.

CHAPITRE II.

DES CONFITURES.

Gelée de groseilles framboisée.

La gelée de groseilles est une des confitures les plus connues, tout le monde sait faire, ou du moins doit savoir faire, de la gelée de groseilles, mais avec plus ou moins de soin on la fait plus ou moins belle. Il y a plusieurs manières de faire de la gelée de groseilles. Je vais donner celles qui sont à ma connaissance, ou pour mieux dire, celles dont je me suis servies, en commençant par celle qui m'a paru la meilleure.

Vous prenez quatre livres de groseilles et une livre de framboises; vous pressez ces deux fruits en fesant passer le jus à travers un tamis de crin, ce que vous faites en commençant à pétrir vos groseilles pour les écraser et ensuite vous serrez le marc dans vos mains pour en extraire le jus, à mesure que vous en avez pressé une poignée, vous la sortez de votre tamis, aussitôt que tout votre jus est passé, vous le pesez et vous prenez le même poids de sucre que vous avez de jus, vous concassez votre sucre et vous le mettez dans votre bassine, vous jetez votre jus dessus et vous mettez votre bassine sur le feu, vous remuez votre sucre avec une écumoire pour le faire fondre (il faut toujours faire cuire les gelées à grand feu, moins une gelée reste sur le feu moins elle jaunit); quand votre sucre est fondu, vous laissez bouillir votre gelée jusqu'à ce qu'elle soit cuite à la nape, vous reconnaissez cette cuite quand, en levant votre écumoire en l'air, après l'avoir trempée dans votre gelée, vous voyez que la goutte qui est pour tomber s'élargit et se casse en quittant l'écumoire. Si vous n'étiez pas sûr de pouvoir reconnaître cette cuite, vous mettriez de temps en temps une goutte de gelée de groseilles sur le bord d'une assiette et quand vous verrez qu'il s'y forme une petite peau vous pourrez retirer vos confitures de dessus le feu et les versez dans vos pots.

Toutes les gelées montent toujours en cuisant; pour les empêcher de passer par dessus la bassine, il faut les battre avec votre écumoire, en la levant en l'air et la retrempant vivement dans vos confitures, et toujours de même tant qu'elles chercheront à monter.

Autre manière d'opérer.

Vous prenez quatre livres de groseilles, une livre

7.

de framboises, vous pesez cinq livres de sucre, que vous concassez et vous mettez tout ensemble dans une bassine, sucre et fruits, vous mettez la bassine sur le feu et vous remuez avec votre écumoire pour que rien ne s'attache au fond ; vous laissez le tout sur le feu jusqu'à ce que tout le sucre soit fondu et que les groseilles soient ce que l'on appelle crevées; ensuite vous versez le tout dans un tamis de crin que vous posez sur une terrine et laissez égoutter le jus jusqu'à ce qu'il n'en tombe plus; en mettant ce jus dans des petits pots il prendrait en gelée, mais je ne répondrais pas qu'il se conserverait, il est plus prudent de le remettre dans la bassine, de le faire bouillir cinq minutes et le verser ensuite dans vos pots.

Plus les gelées sont sucrées moins elle sont fermes, mais plus elles sont délicates.

Quand on fait de la gelée de groseilles, pour être employée à la cuisine, pour décorer de la pâtisserie, il ne faut mettre que trois quarts de sucre par livre de jus.

Gelée de groseilles faite à froid.

Vous prenez quatre livres de groseilles bien propres, vous en faites passer le jus au travers un tamis et vous pesez quatre livres de sucre en poudre que vous mêlez avec votre jus, vous remuez le tout ensemble dans une terrine pendant une demi-heure, ensuite vous passez le tout au travers un tamis de soie et mettez dans les pots. Cette gelée doit prendre en quelques jours, elles est très délicate et même de meilleur goût que les précédentes, mais aussi elle est exposée à ne pas se conserver aussi bien.

Si, ayant fait des confitures de cette façon, on voyait, au bout d'un certain temps, qu'elles veulent fermenter, il faudrait les verser dans une bassine aussitôt qu'on s'en apercevrait et les faire cuire comme les précédentes.

Gelée de pommes.

Vous prenez des pommes de Rainette, vous les pelez, les coupez par quartiers, ôtez les trognons et les taillez par petits morceaux en les mettant à mesure dans une terrine pleine d'eau fraîche, que vous aurez préparée pour les recevoir. Il faut faire ce travail le plus vivement possible et même vous faire aider s'il se pouvait pour que vos pommes n'aient pas le temps de jaunir; quand toutes vos pommes sont dans l'eau, épluchées et coupées, vous les sortez de l'eau et les mettez dans une bassine avec de l'eau filtrée, vous ne mettez de l'eau que juste ce qu'il faut pour que vos morceaux de pommes trempent; ensuite vous mettez votre bassine sur le feu et laissez bouillir environ dix minutes, lorsque vous verrez que vos pommes sont cuites, vous le reconnaitrez quand, en en prenant un morceau, vous sentirez qu'il s'écrase sous vos doigts, alors vous retirez votre bassine de dessus le feu et versez vos pommes dans une chausse en toile en mettant une terrine dessous pour recevoir le jus de vos pommes; si vous n'aviez pas de chausse, vous prendriez un torchon propre que vous plieriez en deux et les feriez coudre de manière à ce qu'ils prennent la forme d'un sac, et feriez coudre à l'ouverture trois ou quatre cordons pour pouvoir le pendre de la même manière que l'on pend une chausse. Quand vos pommes seront égouttées, que vous verrez qu'il ne tombe plus de jus, vous pèserez le jus qui sera passé à travers votre chausse et vous le versez ensuite dans votre bassine et prenez le même poids de sucre, que vous concassez et mettez avec le jus; vous mettez ensuite votre bassine sur le feu et faites bouillir votre gelée à grand feu jusqu'à ce qu'elle soit cuite, ce que vous reconnaissez par les même moyens que pour la gelée de groseilles. Si vous aviez beaucoup de pommes à employer pour de la gelée, il ne faudrait pas attendre qu'elles soient toutes préparées pour les faire cuire, il faudrait aussitôt que vous en auriez assez pour en faire cuire une bassinée, la mettre sur le feu et ainsi de suite jusqu'à la fin pour que vos pommes n'aient pas le temps de jaunir, car un des points essentiels pour la gelée de pommes, c'est qu'elle soit blanche. Si on veut avoir de la gelée de pommes qui soit très ferme, il faut mettre moins de sucre, on peut ne mettre que trois quarts de sucre par livre de jus alors la gelée est plus ferme, mais moins blanche.

Gelée de Coings.

La gelée de coings se fait en tout et pour tout de la même manière que la gelée de pommes, et il faut les mêmes précautions, pour que les coings ne jaunissent pas.

Confitures de cerises.

Vous choisissez des cerises qui ne soien pas trop mûres, ou pour mieux dire, vous prenez vos cerises, quand elles commencent à rougir, et qu'elles ne sont encore que roses; vous mettez au rebut celles qui sont tournées ou tachées, car, une fois confites, ces cerises seraient toutes noires; vous retirez les queues, et enlevez les noyaux de vos cerises en ayant soin de les endommager le moins possible; vous vous servez pour enlever les noyaux de petits morceaux de bois auxquels vous donnez la forme de cure-oreilles; si vous ne voulez pas vous donner la peine de les faire vous-même, vous en trouverez chez les mercières; à mesure que vous enlevez les noyaux, vous posez vos cerises sur un tamis que vous aurez placé sur une terrine pour que le jus qui égoutte de vos cerises ne soit pas perdu, et vous faites cette opération le plus vivement possible pour que vos cerises n'aient pas le temps de tourner; vous pesez vos cerises quand elles sont apprêtées et vous prenez trois quarts de sucre par livre de cerises : vous cassez votre sucre et le mettez dans une bassine en le mouillant avec un tiers de litre d'eau par livre de sucre, ensuite vous mettez votre bassine sur le feu, faites fondre votre sucre, l'écumez, le laissez cuire au fort boulet : quand il a atteint cette cuite, vous jetez vos cerises dedans et laissez la bassine sur le feu jusqu'à ce que le sucre soit fondue, ce que vous aidez en remuant tout doucement avec votre écumoire ; quand votre sucre est devenu liquide et que vos cerises auront pris ce que l'on appelle un bouillon couvert, vous retirez votre bassine de dessus le feu et versez tout ensemble cerises et sirop dans une terrine, mettez une feuille de papier dessus, et les laissez reposer jusqu'au lendemain. Le lendemain vous faites couler le sirop de vos cerises dans votre bassine et le mettez sur le feu, vous le laissez bouillir cinq minutes, ensuite vous jetez vos cerises dedans et les laissez prendre un bouillon ; vous les reversez dans votre terrine, vous faites la même opération cinq jours de suite. Au bout de ce temps, vos cerises devront être assez confites, mais pour être plus sûr de votre fait, vous pesez le sirop bouillant avec un pèse-sirop et vous vous réglez ainsi qu'il suit, à chaque fois que vous leur donnez une façon, en comptant la mise au sucre pour une, cela fait six façons qu'il faut que vous donniez à vos cerises.

Le premier jour, quand votre sucre est cuit au fort boulet, vous jetez vos cerises dedans. Le second, aussitôt que votre sirop bout, vous le pesez avec le pèse-sirop, et quand il a atteint douze degrés, vous y jetez vos cerises le troisième jour, il faut qu'il pèse dix-sept degrés, le quatrième, vingt-trois, le cinquième, vingt-huit, et le sixième, vous le faites cuire à trente-trois degrés avant que de jeter vos cerises dans le sirop, et comme cette façon est la dernière, il faut laisser bouillir vos cerises environ une minute, alors vous pouvez renverser vos confitures dans un vase et les mettre de suite dans vos pots.

On peut faire, et même je dirai, on fait des confitures de cerises que l'on finit sans interruption : rien n'est plus facile, il suffit une fois que les cerises sont au sucre de tout laisser bouillir ensemble, sucre et cerises, jusqu'à ce que cette confiture soit arrivée à sa cuite, mais de cette façon il est impossible que le sucre pénètre dans le fruit, et au lieu d'avoir de belles cerises, bien roses et transparentes, vous n'avez qu'un fruit noir et raccorni. Si en finissant en une fois cette confiture, on pouvait obtenir le même résultat que par la recette précédente, j'aurais indiqué celle-ci de préférence, vu qu'elle est plus simple et demande moins de travail, mais comme je l'ai déjà marqué, il est impossible de cette manière d'obtenir un bon résultat : il est urgent, quand on emplit ses pots de confiture de cerises de laisser un peu de place pour pouvoir les couvrir avec de la gelée de groseilles, et comme on fait ordinairement la confiture de cerises avant la gelée de groseilles, il est facile de remplir les pots lorsqu'on fait cette gelée.

Cerises à mi-sucre.

Les apprêts pour les cerises à mi-sucre sont les mêmes que pour les confitures de cerises; vous les choisissez, les épluchez et les mettez au sucre de la même manière, et à la deuxième façon, vous faites cuire le sucre de même à douze degrés, et la troisième de même à dix-sept, la quatrième à vingt-trois, et la cinquième à vingt-sept. Alors le lendemain, au lieu de faire cuire le sirop, après l'avoir égoutté, vous faites chauffer tout ensemble cerises et sirop, et quand le tout est chaud, sans qu'il bouille, vous mettez égoutter vos cerises sur un clayon, et vous les laissez jusqu'au lendemain. Alors vous étendez vos cerises une à une sur des tamis ou sur des claies et vous les laissez sécher pendant plusieurs jours en les mettant dans une étuve ou tout autre endroit sec. On peut même les mettre au soleil, en évitant que les mouches aillent dessus autant que possible; ensuite vous les retournez ou pour mieux dire vous les changez de tamis et les laissez encore quelques jours. Quand vous jugez qu'elles sont assez sèches, vous les rangez dans une boîte, en mettant à chaque lit de cerises une feuille de papier saupoudrée de sucre, quant au sirop, aussitôt qu'il est égoutté, vous le mettez sur le feu et le faites cuire à trente-deux degrés au pèse-sirop, et le mettez en bouteilles; vous le bouchez quand il est froid, ce qui fait d'excellent sirop de cerises.

Il arrive quelquefois que ce sirop se trouve trop pâle, vu que l'on prend des cerises à peine mûres pour faire les cerises à mi-sucre, mais on peut facilement y remédier, en prenant quelques livres de cerises noires appelées grillottes, les faire bouillir avec un peu de sucre pour en extraire la couleur et le jus, les mettre égoutter et même les presser un peu, et mêlez le sirop à celui de vos cerises mi-sucre et faire cuire le tout ensemble à trente-deux degrés.

CHAPITRE III.

DES MARMELADES.

Marmelades d'abricots.

Vous prenez des abricots bien mûrs, vous les pelez ou vous enlevez seulement les places noires qu'il pourrait y avoir à la peau, ensuite vous coupez vos abricots par morceaux dans une terrine que vous aurez tarée d'avance ; ensuite vous prenez le poids de vos abricots, et mettez trois quarts de sucre par livre d'abricots; vous concassez votre sucre et le mettez avec vos abricots. Vous pouvez après avoir fait ce travail mettre votre terrine dans un endroit frais pour ne cuire votre marmelade que le lendemain. Le sucre fait attendrir les morceaux d'abricots qui ne seraient pas assez mûrs, et lui-même il fond, ce qui est plus commode pour les cuire le lendemain, mais il ne faudrait pas laisser ce mélange plus d'un jour, car il fermenterait. Le lendemain donc vous versez tout ce qui est dans votre terrine, abricots et sucre, dans une bassine que vous mettez sur le feu, en ayant soin de bien remuer dans tous les sens avec une spatule, et toujours sans vous arrêter, jusqu'à ce que votre marmelade soit cuite, ce que vous reconnaîtrez quand vous verrez qu'elle épaissit, et en levant la spatule hors de la bassine, on voit que la marmelade s'en détache par morceaux. Si par hasard, malgré tous les soins que vous prendrez à remuer votre marmelade pour qu'elle ne brûle pas, vous vous aperceviez qu'elle s'attache au fond de votre bassine, il faudrait l'enlever de suite de dessus le feu et la verser dans un autre vase pendant le temps que vous enleveriez ce qui tiendrait à votre bassine. Si vous mettez des amandes d'abricots dans votre marmelade, il faut casser les noyaux, peler les amandes, les fendre en deux et les mettre dans la marmelade au moment où on le met sur le feu.

Quand votre marmelade est cuite, vous la mettez dans vos pots et ne les couvrez que le lendemain.

Marmelade de pêches

Vous prenez des pêches un peu mûres, vous les coupez par quartiers et retirez les noyaux. Vous les pesez et prenez une livre de sucre par livre de pêches. Vous concassez votre sucre et le mettez avec vos pêches dans une bassine que vous posez sur le feu, et vous faites cuire cette marmelade de même que celle d'abricots.

Si vous ne craignez pas le goût de vanille, vous pouvez en mettre un bâton pour environ quatre livres de marmelade, ce qui donne très bon goût à vos pêches ; il faut fendre le bâton de vanille en deux et le mettre dans la marmelade au moment où on la met sur le feu, et quand votre marmelade est cuite, vous retirez la vanille avant de la mettre dans vos pots.

J'ai marqué qu'il ne fallait couper les pêches qu'en quartiers, vu que ce fruit est si délicat qu'il fond toujours assez en cuisant, et qu'il est agréable de trouver dans la marmelade des morceaux un peu gros.

Marmelade de Reine-Claude.

Vous prenez des prunes de Reine-Claude un peu mûres ; vous enlevez les queues et les noyaux, vous les mettez dans une terrine que vous aurez tarée d'avance, ensuite vous prenez le poids de vos Reines-Claude et mettez trois quarts de livre de sucre par livre de fruit ; vous concassez votre sucre et le mettez avec vos Reines-Claude, en mélangeant le tout dans une terrine que vous mettez dans un endroit frais jusqu'au lendemain. Par ce moyen, le sucre fond et les prunes se ramollissent ; mais il ne faudrait pas laisser ce mélange plus de temps sans le faire cuire, car la fermentation s'y mettrait, ce qui ferait mauvais effet. Il faut donc, le lendemain, mettre le tout dans une bassine que vous mettez sur le feu, et vous faites cuire cette marmelade avec les mêmes soins et à la même cuite que celle d'abricots.

Marmelade de mirabelles.

La marmelade de mirabelles se fait en tout exactement de même que celle de Reine-Claude.

Marmelade de poires.

Vous prenez des poires d'Angleterre qui soient bien mûres, sans cependant être blettes ; vous les pelez, les coupez en quartiers et ôtez les trognons et les places qui seraient pierreuses ; vous les mettez à mesure que vous les coupez, dans une bassine où vous aurez mis d'avance un peu d'eau et un peu de sucre pour que le tout fasse un sirop à huit ou dix degrés chauds. Il ne faut pas qu'il y ait beaucoup de ce sirop, seulement pour que vos poires ne soient pas à sec, car on ne met ce sirop que pour empêcher les poires de jaunir, il faut, tout le temps que vous pelez vos poires, tenir votre bassin au chaud sur un peu de cendres chaudes; vous jetez donc vos morceaux dedans à mesure que vous les coupez; quand elles le sont toutes, vous prenez trois quarts de livre de sucre par livre de poires, vous concassez votre sucre et le mettez avec vos poires, et vous faites cuire cette marmelade de même que les autres.

On peut ajouter à cette marmelade un zeste ou deux de citron, suivant la quantité de poires que vous avez, vous mettez votre zeste de citron. Quand vous mettez vos poires dans votre bassin, il faut avoir soin qu'il ne reste pas de blanc après votre zeste, ce qui donnerait un goût d'amertume à votre marmelade.

Comme il serait difficile de connaître le poids de vos poires une fois qu'elles sont coupées et mises au sirop, vous commencerez par peser toutes vos poires avant de les préparer, et mettant les pelures et les trognons de côté, les pesant et les déduisant une fois épluchées, vous aurez le poids net de vos poires, ce qui vous servira pour la dose de sucre que vous devez mettre.

Pâte ou marmelade de pommes.

On ne fait pas souvent de marmelade de pommes,

mais en revanche on fait de la pâte. Comme le travail est le même, excepté que la marmelade est moins cuite que la pâte, voici comme il faut opérer pour la pâte : vous prenez des pommes de reinettes, vous les pelez, les coupez par quartiers, enlevez les trognons et les pépins, et les taillez par petits morceaux en les mettant à mesure dans une terrine pleine d'eau ; il faut faire ce travail le plus vivement possible, pour que vos pommes ne jaunissent pas.

Quand toutes vos pommes sont dans l'eau, épluchées et coupées, vous les sortez de l'eau et les mettez dans une bassine ; vous mettez avec vos pommes de l'eau seulement pour que vos pommes puissent cuire sans brûler, vous mettez votre bassine sur le feu et vous faites cuire vos pommes. Vous voyez qu'elles sont cuites quand elles s'écrasent bien sous le doigt; il faut remuer de temps en temps avec l'écumoire pour que les pommes ne s'attachent pas à la bassine. Donc, quand vos pommes sont assez cuites, vous les versez dans une terrine, et vous les passez après les avoir laissées refroidir un peu à travers une passoire ou un tamis de crin peu serré, ensuite vous pesez ce qui est passé et mettez une livre de sucre par livre de purée de pomme, vous concassez votre sucre et le mettez avec votre purée de pomme dans votre bassine et les mettez sur le feu ; vous faites cuire le tout en remuant toujours avec une spatule sur tous les sens et sans vous arrêter, jusqu'à ce que votre pâte soit cuite, ce que vous reconnaîtrez quand à chaque coup de spatule que vous donnerez vous verrez le fond de votre bassine, et en sus, quand vous verrez que vos pommes chercheront à se figer, alors vous retirerez votre bassine de dessus le feu et mettrez votre pâte sur des plaques en ferblanc que vous saupoudrerez de sucre; vous dressez votre pâte de plus d'un centimètre d'épaisseur. Quand elle est bien prise, au bout de quelques jours, vous la coupez en carré ou en losange, ou toute autre forme, à votre choix, en ayant soin, à mesure que vous la coupez, de passer les morceaux dans le sucre en poudre. Ces morceaux de pâte peuvent se glacer à la glace royale et se servir comme bonbon; en les glaçant blanc d'un côté et rose de l'autre, on leur donne le nom de bonbons américains ou écossais.

Marmelade ou pâte de coings.

La pâte de coings se fait exactement comme celle de pommes, et s'emploie de même.

Pâte d'abricots.

Vous prenez des abricots bien mûrs, vous ôtez les taches noires qu'il pourrait y avoir à la peau, ensuite vous les coupez par morceaux et vous les mettez dans une bassine. Quand tous vos abricots sont préparés, vous mettez votre bassine sur le feu et vous les faites bouillir environ cinq minutes en les remuant avec une spatule pour empêcher qu'ils ne brûlent, ensuite vous enlevez votre bassine de dessus le feu, et vous faites passer vos abricots à travers une passoire ou un tamis à quenelle qui n'ait pas encore servi. Quand tout ce qui peut passer le sera, vous pèserez votre purée d'abricots et vous prenez une livre de sucre par livre de purée, vous concassez votre sucre et vous le mettez avec votre purée dans votre bassine ; vous la remettez sur le feu et vous faites cuire jusqu'à ce que vous voyez le fond de votre bassine à chaque coup de spatule que vous donnerez, ce qui est une marque que votre pâte est cuite, et vous verrez en sus que votre sucre cherche à se figer, alors vous retirerez votre bassine de dessus le feu et verserez votre pâte; en en mettant dans un poêlon et la coulant ensuite sur des planches propres ou sur des plaques en fer-blanc, vous coulez vos ronds d'abricots de la grandeur d'une pièce de cinq francs, et vous les coulez de la même façon que les pastilles; on coule même des petits ronds d'abricots de la grandeur d'une pastille rafraîchissante, et en les coulant de même; le temps que vous coulez vos ronds d'abricots, vous tenez votre bassine au chaud et vous versez de la pâte dans votre petit poêlon, à mesure que vous le videz; quand vos ronds sont couchés, vous les saupoudrez de sucre en poudre avec un tamis de soie, et vous mettez vos plaques ou vos planches à l'étuve ou dans un endroit chaud et sec pendant plusieurs jours, ensuite vous enlevez vos ronds de pâte d'abricots avec un couteau très mince, vous les retournez et les saupoudrez de nouveau et les remettez à l'étuve où vous les laissez encore plusieurs jours; quand ils sont secs, vous les rangez dans une boîte en mettant une feuille de papier saupoudrée à chaque lit de pâte d'abricots.

CHAPITRE IV.

DES FRUITS CONFITS.

Avant que de donner la manière de faire confir chaque fruit en particulier, je dois en parler en général, car pour pouvoir exécuter un travail avec succès il faut être pénétré de ce que l'on veut faire. Le but que l'on se propose, quand on confit un fruit, est que sans l'endommager on remplace le jus qui se trouve naturellement dans le fruit par du sirop de sucre ayant un degré de cuisson assez élevé pour pouvoir le conserver et faire conserver le fruit. Il faut d'abord, pour arriver à ce résultat, que les fruits soient blanchis bien à point, et ensuite qu'il soit mené bien doucement, ou, pour mieux dire, il faut d'abord ne leur donner à prendre que très peu de sucre en les mettant dans un sirop très léger, et n'augmentant que de très peu les degrés chaque jour ; il est à observer que si on les mettaient au sucre dans un sirop trop épais, les fruits au lieu de s'imbiber de sirop resserreraient leurs pores, et se racorniraient en devenant durs; outre l'inconvénient que les fruits étant racornis auraient moins d'apparence et seraient moins bons, ils seraient en plus sujets à la fermentation, car le fruit en se resserrant conserve dans son intérieur une portion d'eau qui plus tard le fait fermenter; il est dangereux pour les fruits de vouloir les pousser trop vite pour finir de les confire, car, par exemple, si vous voulez finir des fruits qui ne sont qu'à moitié confits en faisant cuire le sirop en une fois pour ce qui en demande trois, vos fruits se racorniraient. Il est plus dangereux pour un fruit d'être fait trop vite que de recevoir quelques façons de plus, mais néanmoins il faut autant que possible ne leur donner que les façons voulues. Si, par exemple, un fruit demande huit jours ou huit façons pour pouvoir être confit sans être racorni, et que vous n'en donniez que six, vous êtes exposé à perdre vos fruits; mais si vous en mettiez dix, vos fruits seraient peut-être un peu moins blancs, mais ils n'en seraient pas moins transparents et bons. Du reste, comme je vais indiquer à chaque espèce de fruit la quantité de façon qu'il faut leur donner, et le degré qu'il faut que le sirop porte à chaque façon, je ne crois pas qu'il soit possible de se tromper. Ce que je recommande le plus, vu que je ne puis l'expliquer assez clairement, c'est de faire bien attention au blanchissage des fruits pour ne pas les laisser trop durcir, ce qui empêcherait que le sucre pénètre dedans, ou de les faire trop blanchir, ce qui les mettrait en marmelade.

Poires confites.

On emploie pour confire deux espèces de poires, qui sont les poires d'Angleterre et les poires de Rousselet. La poire d'Angleterre est plus grosse et plus blanche, mais celle de Rousselet a je crois plus de goût ; du reste, l'une et l'autre se confisent de la même manière.
Vous prenez des poires qui ne soient pas trop mûres ou pour mieux dire qui soient encore un peu vertes ; vous les mettez dans une bassine, vous remplissez la bassine d'eau et vous la mettez sur le feu, vous laissez bouillir votre eau jusqu'à ce que vous sentiez que vos poires fléchissent faiblement sous le doigt. Il faut soigner cette opération, car si les poires étaient trop blanchies, elles se crèveraient ; à mesure que vous voyez que vos poires sont assez blanchies, vous les enlevez avec votre écumoire et vous les mettez dans l'eau fraîche, car il est à observer que toutes les poires ne sont pas assez blanchies au même moment ; c'est pourquoi il faut les enlever à mesure que l'on en voit qui le sont assez ; quand elles le sont toutes et qu'elles sont à rafraîchir, vous faites fondre du sucre pour recevoir vos poires. Vous mettez de l'eau en suf-

fisante quantité pour que votre sirop ne pèse que dix degrés bouillant, quand votre sirop est ainsi préparé vous pelez vos poires et les mettez à mesure dans le sirop, il faut préparer du sirop en assez grande quantité pour que toutes vos poires puissent tremper grandement, vu qu'en prenant sa cuite il diminuera de plus de moitié, il faut gratter les queues de vos poires et les couper à la moitié, il faut aussi donner un coup de couteau pour enlever le *calice* et couper la poire de manière à ce qu'elle puisse se tenir droite une fois confite ; quand toutes vos poires sont au sucre, vous mettez votre bassine sur le feu et vous laissez chauffer vos poires avec votre sirop jusqu'au moment où vous voyez qu'il va bouillir, alors vous retirez votre bassine de dessus le feu et vous versez le tout, poires et sirop dans une terrine et mettez une feuille de papier dessus et vous les laissez ainsi jusqu'au lendemain; alors vous égouttez vos poires et mettez votre sirop dans votre bassine en y ajoutant un petit morceau de sucre en pain et vous mettez votre bassine sur le feu. Quand le sirop bout, vous le pesez et le laissez bouillir jusqu'à ce qu'il ait atteint douze degrés, quand il a atteint cette cuite vous jetez vos poires dedans et vous les laissez un instant sur le feu jusqu'au moment où vous voyez que votre sirop va bouillir, alors vous retirez votre bassine de dessus le feu et versez le tout dans votre terrine, vous recommencez la même opération le lendemain en faisant cuire le sirop à quinze degrés, et cette fois vous n'ajoutez pas de sucre à moins que vous n'ayiez que peu de sirop et que vous craigniez qu'étant réduit vos poires ne trempent plus; de même, le jour suivant en le faisant cuire à dix-huit degrés et ainsi de suite en augmentant de trois degrés par jour jusqu'à ce que votre sirop pèse trente-deux degrés, ce qui sera la dernière façon que vous donnerez à vos poires et cette façon n'aura été augmentée que de deux degrés. A cette dernière façon, quand le sirop atteint trente-deux degrés, il faut jeter vos poires dedans et les laisser bouillir doucement environ une minute ; ensuite vous les rangez dans des pots et vous versez le sirop dessus, les laissez refroidir et les couvrez en collant une feuille de papier sur vos pots. De moyens pots sont préférables à de trop grands, vu que quand un pot est entamé il ne se conserve jamais aussi bien; si vous prenez des fruits dans un pot, il faut toujours avoir soin que la cuillère ou tout autre objet avec lequel on les aveindrait ne soit pas humide, la moindre goutte d'eau ou la moindre humidité ferait fermenter de suite vos fruits.

Quartiers de coings confits.

Le coing est suivant moi le fruit le plus difficile à confire, il faut beaucoup de soins pour pouvoir obtenir ce fruit tendre après être confit, les pores en sont très serrés et il faut le mettre après être blanchi à un sirop très léger et lui donner plus de façon qu'aux autres fruits.

Vous coupez vos coings par quartiers, les pelez et enlevez les trognons et les mettez à mesure dans l'eau fraîche, vous faites cette opération le plus vivement possible pour que vos coings n'aient pas le temps de jaunir. Quand vos coings sont ainsi préparés, vous mettez de l'eau fraîche dans votre bassine et mettez vos coings dedans, ensuite vous mettez votre bassine sur le feu et vous laissez blanchir vos coings; à mesure que vous voyez des quartiers qui deviennent souples (ce que vous connaissez en les tâtant de temps en temps), vous les retirez de l'eau chaude et les mettez à mesure dans de l'eau fraîche que vous aurez préparée dans une terrine pour les recevoir. Quand tous vos quartiers de coings sont assez blanchis et qu'ils sont rafraîchis, vous les égouttez sur une passoire ou sur des tamis et vous préparez un sirop de sucre pesant bouillant au pèse-sirop huit degrés, vous jetez vos coings dedans et les laissez frissonner un peu sur le feu environ une minute et versez le tout, coings et sucre, dans une terrine, vous posez une feuille de papier dessus et les laissez reposer jusqu'au lendemain; alors vous égouttez votre sirop dans une bassine, y joignez un petit morceau de sucre et le faites cuire à dix degrés ; le jour suivant la même opération et le laissez cuire à douze, le quatrième jour à quinze, le cinquième à dix-huit, le sixième à vingt-un, le septième à vingt-quatre, le huitième à vingt-sept, le neuvième à trente et le dixième à trente-deux, et vous jetez les coings dedans, comme les jours précédents, mais cette façon étant la dernière, vous laissez prendre un bouillon à vos coings, ensuite vous rangez vos quartiers dans des pots et mettez le sirop dessus et et vous les laissez refroidir avant que de les couvrir. Si en blanchissant vos coings il y avait des quartiers qui soient trop défaits, vous ne les mettriez pas au sucre. On peut mettre en confisant des coings beaucoup plus de sucre qu'il n'en faut pour qu'ils trempent vu que le sirop qui vous resterait après avoir rangé vos quartiers dans vos pots et les avoir recouverts de sirop peut se garder et se mettre en bouteilles. Il est de certaines maladies où ce sirop est très en usage et l'on n'en trouve pas toujours bien facilement.

Abricots confits.

Vous choisissez des abricots pas très mûrs, vous les fendez un peu du côté opposé à la queue seulement pour pouvoir faire passer le noyau, vous le poussez du côté de la queue avec un petit morceau de bois ou autre, pour le faire sortir de l'autre côté, ensuite vous mettez vos abricots dans l'eau fraîche que vous aurez mise dans une bassine en quantité suffisante pour que tous vos abricots puissent tremper à l'aise et vous mettez cette bassine sur le feu, quand vous voyez que vos abricots montent sur l'eau vous les enlevez à mesure avec votre écumoire et les mettez dans l'eau fraîche quand ils sont tous blanchis et rafraîchis, vous les égouttez en les posant un à un sur une passoire ou un tamis. Vous faites ensuite chauffer du sirop que vous préparez à dix degrés bouillant ; quand il est bouillant vous jetez vos abricots dedans et les laissez un instant sur le feu, et quand vous voyez que le sirop va bouillir vous enlevez votre bassine de dessus le feu et versez le tout dans une terrine, abricots et sirop, vous les couvrez d'une feuille de papier et les laissez jusqu'au lendemain, alors vous égouttez vos abricots en les tirant avec précaution pour ne pas les endommager et les posant sur une passoire ou tout autre objet, vous versez ensuite votre sirop dans votre bassine en y ajoutant un petit morceau de sucre en pain et le mettez sur le feu et le laissez cuire à treize degrés bouillant, vous jetez vos abricots dedans comme le premier jour et le laissez de même jusqu'à ce qu'il soient prêts à bouillir, les reversez dans votre terrine et continuez chaque jour la même opération en faisant cuire le sirop ainsi qu'il suit : le jour suivant à seize, ensuite à dix-neuf, le cinquième jour a vingt-deux, le sixième à vingt-six, le septième à trente et le huitième à trente-deux ; cette façon étant la dernière, quand le sirop a atteint trente-deux degrés vous jetez vos abricots dedans et les laissez prendre un bouillon couvert, ensuite vous enlevez votre bassine de dessus le feu, mettez vos abricots dans les pots et les couvrez de sirop et le laissez refroidir avant que de les couvrir.

En ne pelant pas les abricots ils sont moins sujets à se casser, mais on peut les peler avant de les blanchir, il faut, quand on les pèle, les prendre presque vert, car la peau étant ôtée, pour peu qu'un abricot soit mûr il tomberait de suite en marmelade au blanchissage.

Les abricots que l'on pèle ordinairement pour confire sont ceux que l'on coupe en deux, et que l'on appelle quartiers d'abricots, ils se confisent de même que les abricots entiers.

Prunes de reine-Claude confites.

Vous vous procurez des prunes de reine-Claude franches, car il faut observer qu'il y a plusieurs sortes de prunes de reine-Claude et qu'il n'y a que la franche de bonne pour confire, les autres se fendent au blanchissage et sont souvent marquées d'une tache terreuse ; il faut prendre les prunes avant qu'elles soient parfaitement mûres, quand elles sont à leur grosseur mais vertes et fermes, vous leur coupez le bout de la queue et les piquez en huit ou dix endroits avec une grosse épingle, ou, pour mieux faire, vous coupez un bouchon en deux par le travers et enfoncez dans l'un des morceaux quatre épingles, de manière à ce qu'elles ressortent du côté de la pointe d'environ un centimètre de long et les placer à distance de manière à ce qu'elles ne se touchent pas, et en donnant deux ou trois coups de ces épingles à chaque prune elles se trouveront piquées suffisamment ; à mesure que vous les piquez vous les mettez dans de l'eau fraîche que vous aurez préparée pour les recevoir dans votre bassine; quand elles sont toutes préparées vous mettez votre bassine sur le feu et vous les laissez jusqu'à ce que vous voyiez qu'elles montent sur l'eau, c'est à observer que pour tous les fruits qui montent en blanchissant, il faut, non seulement, qu'il y ait dans la bassine de l'eau suffisamment pour qu'ils trempent, mais il faut encore qu'il y en ait assez pour que l'on puisse voir monter au-dessus les fruits qui sont assez blanchis. Donc, quand vous voyez qu'une prune monte sur l'eau vous l'enlevez avec votre écumoire et la mettez dans un vase plein d'eau fraîche et ainsi de suite jusqu'à ce que toutes vos prunes soient montées, ensuite vous les égouttez et faites chauffer du sirop que vous mettez bouillant à dix degrés, quand il est préparé vous jetez vos prunes dedans et les laissez sur le feu jusqu'au moment où vous voyez que le sirop va bouillir, alors vous enlevez votre bassine de dessus le feu, versez le tout dans une terrine, les couvrez d'une feuille de papier, les laissez jusqu'au lendemain, et les façonnez ensuite de la même manière que les abricots.

Nota. Des motifs majeurs m'empêchent d'indiquer la manière de les faire reverdir, mais je me charge de le démontrer à quiconque prendra un de mes livres.

Prunes de mirabelle confites.

Il y a deux espèces de mirabelle, l'une qui, étant confite, reste jaune et l'autre qui devient presque verte, mais elles sont toutes deux de bonne qualité Pour confire (on achète quelquefois pour de la mirabelle une autre espèce de prune qui a la couleur et la grosseur de la mirabelle, mais qui est un peu plus longue ; il faut s'en donner garde, car elle ne vaut rien pour confire). Vous prenez vos mirabelles quand elles sont encore un peu fermes, quoiqu'arrivées à leur grosseur ; vous leur coupez la queue à la moitié et les piquez de six à huit trous avec une épingle, et les mettez dans l'eau fraîche et sur le feu jusqu'à ce qu'elles montent sur l'eau, alors vous les enlevez avec une écumoire et les mettez à mesure dans une terrine d'eau fraîche, tout le reste comme pour les prunes de reine-Claude, en les mettant au sucre, à un sirop à dix degrés, le lendemain à treize, le jour suivant à seize, ensuite à dix-neuf, le cinquième jour à vingt-deux, le sixième à vingt-six, le septième à trente, le huitième et dernier à trente-deux. Cette façon étant la dernière, vous laissez prendre un bouillon à vos mirabelles et pouvez les mettre dans vos pots.

Marrons confits.

Vous choisissez de véritables marrons de Lyon, car on vend pour marrons de Lyon des marrons qui ne valent rien pour confire. Le marron qu'il faut choisir est celui qui n'est pas séparé dans l'intérieur par une petite peau, car quand cette peau existe dans votre marron il se sépare en l'épluchant et vous n'avez plus que des morceaux ; quand vous avez choisi vos marrons, vous les fendez sur le dos en ayant soin de ne couper que la peau, ensuite vous les mettez cuire dans l'eau ; vous voyez qu'ils sont assez cuits quand, en passant une épingle au travers, vous ne sentez plus de résistance, pendant que vos marrons cuisent, vous préparez du sirop à dix degrés chaud et vous le mettez dans un vase pour recevoir vos marrons à mesure que vous les épluchez ; ensuite vous pelez vos marrons et les mettez au sirop, en ayant soin de ne les sortir de l'eau qu'à mesure que vous les pelez et de les tenir toujours chauds tout le temps, car si vos marrons étaient froids ou secs, ils ne pourraient plus se peler ; quand tous vos marrons sont pelés et au sirop, vous les laissez jusqu'au lendemain, alors vous égouttez vos marrons et faites cuire le sirop à quinze degrés, et le jetez sur vos marrons ; le jour suivant vous le faites cuire à vingt et le versez de même sur vos marrons, ensuite à vingt-cinq, et à la dernière façon vous le faites cuire à trente et le lendemain vous pouvez les glacer au tirage. (Voyez Marrons glacés.) Si vous voulez que vos marrons soient à la vanille, vous mettez un bâton de vanille dans votre sirop quand vous les mettez au sucre après être blanchis, et le laissez tout le temps avec vos marons (je dis avec les marrons pour que l'on ne fasse pas bouillir la vanille avec le sirop), si l'on ne met pas de vanille on peut mettre, à la dernière façon, un peu d'eau de fleur d'orange. On ne donne que quatre façons au marrons, vu que ce fruit étant farineux, a ses pores plus ouverts que les autres. Les marrons ont une tendance à noircir : à chaque façon qu'on leur donne on les voit changer de nuance, c'est ce qui fait aussi qu'on leur en donne le moins possible. Si on confisait les marrons en sept ou huit façons ils deviendraient tout noirs. L'on ne cuit le sucre à la dernière façon qu'à trente degrés, vu que l'on ne garde presque jamais les marrons longtemps avant de les glacer et que ce degré est suffisant pour que la glace puisse prendre dessus, mais si l'on voulait les garder un peu de temps au sirop, il faudrait leur donner une cinquième façon en faisant cuire le sirop à trente-deux degrés : il ne faut jamais que les marrons aillent sur le feu, une fois que le sirop a atteint la cuite marquée à chaque façon, il faut seulement le verser bouillant sur vos marrons.

Le marron est un fruit très délicat à confire, il est sujet à se casser, principalement aux premières façons. En se servant d'un vase qui aurait un trou au fond, comme par exemple un pot de fleurs auquel on aurait mit un bouchon, et en retirant le bouchon à chaque façon pour égoutter le sirop, les marrons ne seraient nullement dérangés, et par ce moyen seraient bien moins sujets à se casser. Il faut autant que possible employer du beau sucre pour confire les marrons. On peut encore les faire blanchir de cette façon : Vous enlevez la première peau de vos marrons à sec, ensuite vous les mettez dans une bassine avec de l'eau et sur le feu, en mettant dans votre eau une petite poignée de farine, et quand vous voyez, en passant une épingle au travers, qu'ils sont assez blanchis vous enlevez la peau qui leur reste et les mettez au sucre comme les précédents, de cette manière ils sont peut-être un peu plus blancs, mais je crois qu'ils se cassent davantage. Si vous voulez ne mettre blanchir que de bons marrons, vous les mettez tous dans un vase plein d'eau : en les remuant un peu tous les gâtés montent au-dessus de l'eau et vous pouvez les enlever et les jeter.

Oranges confites entières.

Vous prenez des oranges ayant la peau bien épaisse, vous leur faites un trou rond sur le dessus avec un vide-pommes ; ensuite vous mettez vos oranges dans une bassine avec de l'eau et sur le feu jusqu'à se qu'elles soient assez blanchies, ce que vous reconnaîtrez quand vous verrez que la peau est souple, alors vous retirez tout ce que vous pouvez du dedans de vos oranges avec une petite cuillère à café, ensuite vous préparez du sirop à dix degrés bouillant et vous mettez vos oranges dedans et les laissez vingt-quatre heures, ; ensuite vous les égouttez et faites cuire votre sirop à treize degrés ; le lendemain vous faites cuire le sirop à seize degrés, le jour suivant à vingt, ensuite à vingt-cinq, de là à trente et la dernière façon à trente-deux. Il faut, à chaque façon, faire prendre un bouillon seulement à vos oranges. Quand vous avez des écorces, provenant de quartiers d'oranges au caramel ou de tout autre emploi vous pouvez les faire confire de la même façon.

Abricots verts confits.

Vous prenez vos abricots quand ils sont de la grosseur d'une prune de Mirabelle, et que le bois du noyau n'est pas encore formé, vous mettez ensuite dans une bassine de l'eau que vous faites bouillir en y joignant pour 4 litres d'eau cinquante grammes de soude, vous jetez vos abricots dedans et ne leur laissez prendre qu'un bouillon, retirez-les ensuite et lavez-les bien dans de l'eau fraîche; on fait cette opération pour faire partir le duvet qui existe sur ce fruit; après cela il faut les piquer de sept à huit trous avec une épingle en les mettant à mesure dans une bassine avec de l'eau fraîche; mettez ensuite votre bassine sur le feu pour les faire blanchir; vous voyez qu'ils le soient assez quand, en les pressant sous ses doigts, on sent qu'ils sont souples : alors vous les faites rafraîchir en les mettant dans de l'eau fraîche; ensuite vous les égouttez et les mettez dans un sirop à dix degrés bouillant et les laissez juqu'au lendemain. Vous leur donnez une façon tous les jours, en faisant cuire votre sirop ainsi qu'il suit : le second jours à treize degrés, le lendemain à seize, le quatrième à dix-neuf, le cinquième à vingt-deux, le sixième à vingt-six, le septième à trente et la dernière façon à trente-deux, en laissant à chaque façon prendre un bouillon seulement à vos abricots. Vous pouvez, quand vos abricots ont passé la quatrième façon, choisir les plus petits et les mettre dans des petits bocaux que vous remplirez du même sirop, ensuite les boucher et ficeler, et leur faire prendre cinq minutes d'ébullition. (Voyez Abricots verts au chap. des Conserves.) Ces fruits, ainsi préparés, pourront vous servir comme compotes ou pour garnir des gélées d'entremets.

Angélique confite.

Vous prenez l'angélique quand elle est à sa grosseur, mais avant qu'elle ne monte en graine, vous la coupez de quinze à dix-huit centimètres de long et vous la mettez dans une bassine avec de l'eau fraîche, vous mettez votre bassine sur le feu et faites cuire votre angélique jusqu'à ce qu'elle soit souple, ensuite vous enlevez les filandres dont cette plante est entourée en la tirant à mesure de l'eau chaude, et la mettez ensuite dans l'eau fraîche; quand cette opération est finie, vous égouttez votre angélique et la mettez dans un sirop pesant dix degrés bouillant et lui laissez prendre un bouillon, la mettez ensuite dans une terrine et le lendemain égouttez votre angélique; faites cuire votre sirop à treize degrés et ainsi qu'il suit en faisant toujours la même opération, et mettant le sirop le troisième jour à seize degrés, le quatrième à dix-neuf, le cinquième à vingt-deux,

le sixième à vingt-cinq, le septième à vingt-neuf e
le huitième et dernier à trente-deux, en faisant à chaque façon prendre un bouillon à votre angélique; après cette dernière façon, vous rangez votre angélique dans un vase, versez le sirop dessus et la couvrez quand elle est refroidie.

Verjus confit.

Vous prenez votre verjus quand il est à sa grosseur, mais sans attendre qu'il soit mûr, après l'avoir égrainé vous le fendez un peu pour pouvoir faire sortir les pépins; vous fendez vos grains avec un canif et faites sortir les pépins avec la pointe de la lame. A mesure que vous apprêtez un grain de verjus, vous le mettez dans de l'eau fraîche, que vous aurez préparée dans une bassine; quand tout votre verjus est apprêté, vous mettez la bassine sur le feu et vous faites chauffer tout doucement jusqu'à ce que vous voyiez monter les verjus à la surface de l'eau, vous retirez alors votre bassine de dessus le feu et laissez refroidir l'eau, ensuite vous remettez la bassine sur le feu, et quand vous voyez que votre eau est chaude au point de ne pas pouvoir y laisser la main, vous enlevez votre verjus avec une écumoire et le mettez dans l'eau fraîche; ensuite vous l'égouttez sur un ou plusieurs tamis et le mettez dans un sirop que vous aurez préparé à dix degrés bouillant, vous le jetez dans votre sirop et vous retirez votre bassine de dessus le feu, le lendemain vous les égouttez et faites cuire le sirop à treize degrés et le mettez sur vos verjus, le jour suivant vous les égouttez de même et faites cuire le sirop à seize degrés, le quatrième à dix-neuf, le cinquième à vingt-deux, le sixième à vingt-cinq, le septième à vingt-neuf, le huitième, qui est la dernière façon ; à trente-deux, à cette façon seulement vous versez vos verjus dans le sirop quand il est cuit et vous leur laissez prendre un bouillon, vous les mettez ensuite dans vos pots et les couvrez étant froids. Vous pouvez, quand vos verjus ont passé la quatrième façon, c'est-à-dire la cuite à vingt-cinq degrés, choisir les grains les plus entiers et les mettre dans des petites bouteilles, que vous remplirez du même sirop qui servit à les confire, bouchez et ficelez vos bouteilles et faites bouillir cinq minutes. (Voyez Verjus, chap. des Conserves.)

Il faut, quand on met n'importe quel fruit au sucre, mettre toujours le double de sirop qu'il n'en faut pour faire tremper ces fruits, vu que ce sirop diminue tous les jours de quantité à mesure qu'il augmente en degré, et que deux litres de sirop à dix degrés n'en font tout au plus qu'un à trente-deux.

Réflexion. Pour tout espèce de fruits, quand on les met dans le sirop après qu'ils sont blanchis, cette opération s'appelle mettre au sucre, le second jour quand on fait cuire le sucre, on appelle cela la première façon ; le troisième jour, quand on la fait cuire de nouveau, c'est la seconde façon, et ainsi de suite jusqu'à ce que les fruits soient confits.

Tel fruit qui demande huit jours pour être confit à point, ne reçoit que sept façons, vu que les façons ne commencent que le lendemain de la mise au sucre.

QUATRIÈME PARTIE.

DES CONSERVES.

C'est à M. Appert à qui nous devons cette heureuse découverte. Avant de connaître ce procédé nous ne pouvions garder les fruits qui ne se conservent pas naturellement d'une saison à une autre qu'en les confisant, et ne pouvions les servir qu'au sirop ou glacés au tirage. Nous ne voyions figurer dans nos desserts pendant l'hiver que des compotes de pommes, de poires, d'oranges et de marrons, et pour peu que l'on eût une affaire majeure il fallait doubler ses compotes. Nous pouvons maintenant, dans le dessert d'un grand dîner ou sur le buffet d'un bal, servir seize et même vingt compotes toutes différentes les unes des autres. Honneur donc, à l'homme à talent qui, en faisant retrouver l'été et l'automne en hiver, a étendu les ressources de notre art !

Ce moyen de conservation ne se borne pas aux compotes, c'est encore à cette découverte à laquelle ous devons l'avantage de pouvoir servir toute l'année des glaces et des sorbets à la groseille, à la framboise, à la pêche, à l'abricot et aux cerises, etc., avec le même parfum et la même fraîcheur que dans la saison de ces fruits.

Depuis plusieurs années ce commerce est envahi, on en trouve partout, mais beacoup de ceux qui en vendent sont loin d'avoir atteint le degré de perfection dont ce travail est susceptible, bien que belles en apparence, souvent ces conserves ne sont pas très bonnes, car il est à observer qu'il est plus facile de faire de belles compotes que de les faire bonnes : plus on peut faire entrer de sucre dans une compote meilleure elle est ; mais aussi plus le fruit est sujet à se racornir. Ce n'est qu'à force de soins et de savoir faire que l'on parvient à parer aux inconvénients et à faire à la fois beau et bon.

Mon but n'est pas de vouloir me glorifier en critiquant le travail d'autrui, c'est même une action que je désavoue hautement; mais je crois qu'il est tout naturel que celui qui a fait un apprentissage spécial dans une partie et qui s'est trouvé à même, comme officier et maître d'hôtel, d'entendre les avis des consommateurs, puisse avoir plus de connaissances que ceux qui sont loin d'avoir eu les mêmes avantages. Voici plus de vingt ans que je conserve des fruits et les jus ; depuis cette époque je m'y suis appliqué, et chaque année j'ai toujours trouvé à apporter quelques améliorations.

Le travail des conserves, quoique très simple en

apparence, est en quelque sorte au-dessus de notr[e] état, car ce procédé appartient à la chimie, et un[e] preuve, c'est que des causes, à nous inconnues, pro[-]duisent des effets, car souvent les mêmes fruits, l[e] même sirop et le tout travaillé de la même manière, n'amènent pas le même résultat. Le poin[t] principal est de bien boucher ses bouteilles; quan[d] une bouteille est bien bouchée et qu'elle a passé pa[r] les degrés d'ébullition voulus, le fruit qui est dedan[s] se conserve toujours, quoi qu'elle soit plus ou moin[s] sucrée, le fruit plus ou moins mûr ou blanchi, alor[s] la compote est plus ou moins belle; mais la fermentation n'a pas lieu, du moment où il n'y a pas d'ai[r] introduit dans la bouteille. Le choix des bouchon[s] est encore pour quelque chose dans la conservation[;] souvent on est étonné, au bout d'un certain temp[s] que la compote est faite, de la voir fermenter, un[e] petite vermoulure à votre bouchon en est seule l[a] cause, car souvent un bouchon, quoique paraissan[t] bien entier, a, dans l'intérieur, des places verreuses[.] Il ne faut donc pas faire d'économie sur l'achat de bouchons et ne pas craindre de jeter ceux au traver[s] desquelles vous verriez suinter du sirop après les avoi[r] enfoncé dans vos bouteilles, signe certain qu'un bou[-]chon prend l'air.

Nous savons tous que l'air amène la corruption de[s] comestibles. Pour pouvoir les conserver il fallait don[c] trouver le moyen de le soustraire, non-seulement d[u] vase dans lequel le fruit est contenu, mais il fallai[t] encore que ce fruit lui-même soit privé de la portio[n] d'air qu'il renferme naturellement dans son intérieur. C'est ce qu'a trouvé M. Appert, par le moyen de la vapeur, car c'est la vapeur qui agit le plus dans ce travail. Beaucoup de gens croient que c'est à la cuite que les fruits ou les jus prennent en bouillant au bain-marie ; qu'ils doivent leur conservation, ils se trompent, voici ce qui amène la conservation : La bouteille étant mise dans une bassine sur le feu en même temps que l'eau, elle en ressent tous les degrés de chaleur, et quand l'eau arrive à l'ébullition et même qu'elle bout, l'intérieur des bouteilles se remplit de vapeur qui, se trouvant concentrée avec l'air, l'absorbe entièrement, je crois que, quoi qu'il y ait du jour entre le bouchon et le fruit dans une bouteille, il ne reste pas d'air après qu'elle a subi l'ébullition, il y a du vide et voilà tout. Une preuve de ce que j'avance : quand une compote a été remuée en la transportant, il se forme une mousse au-dessus, cette mousse est quelquefois quinze jours à trois semaines à disparaître, chose qui ne pourrait pas avoir lieu si la bouteille était débouchée ou si seulement on lui faisait prendre un peu d'air.

Ces documents ne sont fondés que sur la grande expérience que j'ai de ce genre de travail, mais je n'ai pas la prétention de me donner pour chimiste ; à chacun sa part : à eux la gloire de la découverte ; à nous celle d'en obtenir de bons résultats.

CHAPITRE PREMIER.

Du bouchage des bouteilles et de leur choix.

Il faut commencer par choisir des bouchons de première qualité; vous les présentez aux goulots de vos bouteilles; il faut que le bouchon, pour pouvoir être adapté à une bouteille, soit aussi gros que le goulot extérieurement, ou pour mieux me faire comprendre, qu'il soit de l'épaisseur du verre plus gros que l'ouverture de la bouteille n'est grande. Quand vous êtes pour boucher une bouteille de conserve, vous mouillez votre bouchon et tapez tout le tour avec votre tapette et vous le faites entrer au bord de votre goulot en le tournant avec la main, et le forcez ensuite à entrer au deux tiers au moins en le tapant à grands coups de tapette, vous tapez de la main droite et vous tenez la bouteille de la main gauche en mettant votre main le plus près possible du bouchon; de cette façon vous soutenez votre goulot, ce qui empêche qu'il ne casse par la pression du bouchon et ensuite, si votre bouteille venait à casser, vous seriez moins exposé à vous blesser, il faut toujours tenir la bouteille au-dessus d'une terrine quand on la bouche pour que, si elle venait à casser, il n'y ait que le verre de perdu. Si cependant on avait quelque doute qu'il y eût du verre de resté, il faudrait mieux jeter le tout que de s'exposer à ce que l'on trouve du verre en mangeant la compote. Mais presque toujours, quand une bouteille se casse en la bouchant, il ne se détache qu'un seul éclat au ventre, il faut aussi avoir soin de bien visiter ses bouteilles avant de les employer, car une bouteille qui serait étoilée serait d'abord exposée à casser au bouchage, et pour sûr ne résisterait pas à l'ébullition. Souvent les bouteilles ont au fond une petite fêlure, à quoi il faut faire bien attention, car quand on néglige ce soin on est exposé à ce que le fond se détache à l'ébullition. Il faut garder les bouteilles dont les goulots sont les plus larges pour les gros fruits, tels que les abricots et les pêches.

Quand vos bouteilles sont bouchées, vous prenez du fil de fer bien recuit, vous en coupez des bouts de cinquante centimètres de long, vous reployez ces bouts en deux et en tordant environ six centimètres, ensuite vous écartez les deux bouts et présentez ce fil de fer au goulot de votre bouteille et vous tordez les deux bouts qui passent du côté opposé à celui qui est tordu d'avance, après cela vous reployez les bouts, qui alors sont tordu, au-dessus de votre bouchon et les tordez ensemble avec une pince et coupez les bouts avec des tenailles ou les rabaissez sur le bouchon; vous faites ensuite la même opération avec un autre bout de fil de fer en le mettant de manière à ce qu'il forme la croix en dessus du bouchon avec le précédent.

Cette manière de boucher et ficeler ne s'adapte qu'aux bouteilles à compotes, ou pour mieux dire, à large goulot, les autres bouteilles se bouchent comme le vin bien bouché, et vous les ficelez avec de la petite ficelle au lieu de fil de fer, en la mettant en croix de même au-dessus du bouchon, du reste, on voudrait les ficeler avec du fil de fer, ça n'en serait que mieux, mais c'est beaucoup plus long.

Quand une fois vos bouteilles sont ainsi préparées, vous les enveloppez de foin, que vous tordez comme pour en faire des liens et vous tournez ces liens autour de vos bouteilles en les rangeant à mesure dans votre bassine ou dans un chaudron de la même manière que si vous les emballiez pour leur faire faire un long voyage ; ensuite vous remplissez votre bassine d'eau froide en suffisante quantité pour que toutes vos bouteilles trempent et vous mettez votre bassine sur le feu, vous faites chauffer jusqu'à ce que l'eau commence à bouillir, ce qu'on appelle l'ébullition, arrivée à ce point, vous les laissez plus ou moins de temps, suivant la nature du fruit ou du jus.

Je désignerai à chaque fruit combien il faut la laisser bouillir.

Autre manière de boucher les compotes.

On peut encore se servir d'un autre procédé pour boucher les compotes, il est même plus expéditif que le premier, mais il faut pour cela se procurer une petite presse. Voici la manière d'opérer :

Vous mouillez et frappez le bouchon comme plus haut ; ensuite vous coupez la care tout le tour du côté que vous présentez à la bouteille pour qu'il puisse y entrer d'environ une ligne, quoique plus gros que l'ouverture du goulot, ensuite vous posez votre bouteille au-dessous de votre presse, en ayant soin de mettre sous votre bouteille quelque chose de flexible, tel qu'un livre par exemple, et vous serrez la vis de votre presse jusqu'à ce que le bouchon soit entré aux deux tiers au moins.

L'usage de la presse est préférable pour celui qui a beaucoup de bouteilles à boucher, mais on peut très bien s'en passer, surtout quand on n'en fait que pour sa consommation. Il faut laisser entre le sirop et le bouchon une distance d'environ deux centimètres.

Réflexion. Il est à observer que pour n'importe quelle espèce de conserve, jus ou compote, il ne faut jamais, pour quel motif que se soit, sortir les bouteilles de l'eau avant qu'elles ne soient tout à fait refroidies, si on les sortait étant encore chaudes on serait assuré qu'elles casseraient toutes au bout de quelques jours. Le même foin qui vous aura servi à emballer vos bouteilles peut vous servir pour d'autres et même peut servir tant que vous en aurez à faire bouillir.

CHAPITRE II.

Manière de préparer le sirop pour les compotes.

Vous clarifiez du sucre d'avance (Voyez Clarification du sucre); ensuite, quand vous êtes pour sucrer vos compotes, vous joignez à votre sirop de l'eau froide et filtrée pour le mettre au degré voulu.

On peut, si on le préférait, faire fondre un morceau de sucre dans de l'eau froide et filtrée dans les proportions d'une livre de sucre, dans un demi litre d'eau et passer ce sirop une fois fondu au tamis de soie et lui donner ensuite le degré voulu, en vous servant de votre pèse-sirop.

Le sirop pour les compotes doit toujours se peser froid.

CHAPITRE III.

Compote de cerises.

Vous prenez de belles cerises, pas trop mûres et transparentes, vous leur coupez les queues à la moitié et les mettez à mesure dans une bouteille en tapant le fond de temps en temps pour en faire entrer le plus possible ; ensuite vous la remplissez de sirop à vingt-quatre degrés froid et vous la bouchez comme il est marqué plus haut ; vous les mettez dans votre bassine et la remplissez d'eau froide ; vous mettez votre bassine sur le feu et laissez bouillir l'eau cinq minutes, au bout de ce temps, vous enlevez la bassine de dessus le feu, ou vous éteignez le feu et ne sortez les bouteilles de l'eau que le lendemain.

On peut faire aussi des compotes de cerises sans noyaux, elles sont même souvent préférées aux autres, pour cela, vous retirez les queues et vous enlevez les noyaux, de même que pour les confitures; quand on n'est pas trop pressé, il est préférable de les enlever avec une épingle : les cerises sont moins sujettes à se déchirer. Il existe au noyau, du côté de la queue, un petit trou, en fourrant la pointe d'une épingle dedans vous enlevez le noyau, vous mettez les cerises à mesure dans vos bouteilles, le reste comme les précédentes si ce n'est que vous pouvez mettre le sirop à vingt-cinq degrés, froid toujours.

Compote de framboises.

Vous prenez de belles framboises et fraîches cueillies ; vous enlevez les queues et rangez vos framboises à mesure dans vos bouteilles en en faisant entrer le plus possible, et en ayant soin cependant de ne pas trop les tasser pour qu'elles ne perdent pas leur forme ; ensuite vous remplissez les bouteilles de sirop à vingt-cinq degrés froids, les bouchez, les ficelez et les mettez à l'ébullition, de même que les cerises, en ne les laissant bouillir que trois minutes, vu que ce fruit est plus délicat que les cerises.

Nota. Il est inutile que je répète à chaque espèce de fruit qu'il faut enlever la bassine ou éteindre le feu, et qu'il faut laisser refroidir les bouteilles avant que de les retirer de l'eau, vu que c'est une règle générale pour toutes.

Compote d'abricots.

Vous choisissez des abricots pas trop mûrs et bien fermes, vous les fendez en deux, leur enlevez les noyaux et les mettez à mesure dans une bassine avec de l'eau, vous mettez votre bassine sur le feu et les faites blanchir faiblement ; aussitôt que vous voyez que vos abricots montent sur l'eau, vous enlevez votre bassine de dessus le feu et les mettez dans de l'eau fraîche ; ensuite vous les égouttez en posant vos quartiers un à un sur une serviette ou un torchon propre : la serviette pompe toute l'eau, après cela vous les rangez dans vos bouteilles de manière à en faire tenir le plus possible, sans cependant les presser, ce n'est que par la manière de les ranger que l'on doit tâcher d'en faire tenir beaucoup et non en les tassant ;

ensuite vous remplissez vos bouteilles de sirop à vingt-cinq degrés froid, vous les bouchez, les ficelez et les mettez à l'ébullition, et faites bouillir quatre minutes. Si vous préférez que vos abricots soient pelés, vous les pelez et ne les faites pas blanchir, car une fois pelés, les abricots sont sujets à se mettre en marmelade ; vous les rangez dans les bouteilles de même que les précédents, et mettez le sirop à vingt-quatre degrés et faites bouillir de même quatre minutes. Vos abricots n'étant pas blanchis auront plus de goût, mais un abricot qui n'est pas pelé se soutient toujours mieux et est moins sujet à perdre sa forme.

Si vous n'aviez pu vous procurer des abricots encore fermes et que ceux que vous ayez soient un peu avancés, vous ne les feriez pas blanchir, quoique vous ne les peliez pas, et vous ne mettriez votre sirop qu'à vingt-trois degrés, vous feriez bouillir de même quatre minutes.

On met souvent dans les bouteilles d'abricots des amandes de ce fruit, on casse les noyaux, on enlève la peau des amandes et on les fend en deux avant de les mettre dans les bouteilles: une douzaine de morceaux suffisent par compote.

Les abricots de plein-vent ont meilleur goût et sont préférables pour la pâte et la marmelade, mais ils sont souvent tachés et moins beaux que ceux qui viennent en espaliers, ce qui fait que l'on emploie ceux-ci de préférence pour les compotes. Quand on n'est pas à même de choisir on les emploie indifféremment, du reste, l'un et l'autre se travaillent de la même manière.

Si vous aviez des compotes dont les abricots se seraient déformés en bouillant ou en voyageant, vous pourriez les employer pour faire des glaces.

Compote de pêches.

Vous prenez de moyennes pêches, pas très mûres, vous les fendez en deux, enlevez les noyaux et les mettez à mesure dans une bassine avec de l'eau fraîche, ensuite vous mettez votre bassine sur le feu et blanchissez faiblement vos pêches ; aussitôt que vous voyez quelques morceaux monter sur l'eau, vous enlevez la bassine de dessus le feu et mettez vos pêches dans l'eau fraîche, ensuite vous les mettez égoutter en les posant une à une sur une serviette propre, au bout d'un instant vous les rangez dans vos bouteilles et remplissez les bouteilles de sirop à vingt-cinq degrés froid, les bouchez et ficelez et laissez bouillir quatre minutes.

Il n'est pas besoin d'observer que si quelque morceaux de pêches se trouvaient trop blanchis, il ne faudrait pas les employer, il vaudrait mieux perdre un morceau que toute une compote. De même pour tous les autres fruits.

Compote de Mirabelles.

Vous prenez les plus belles mirabelles que vous pouvez vous procurer, pas trop mûres; vous leur coupez la queue à la moitié, les piquez de sept à huit trous avec une épingle, et les mettez à mesure dans une bassine où vous aurez mis de l'eau pour les recevoir, ensuite vous mettez votre bassine sur le feu et faites chauffer jusqu'à ce que vos mirabelles montent sur l'eau. A mesure que vous les voyez monter, vous les enlevez avec votre écumoire et les mettez dans de l'eau fraîche; quand elles y sont toutes, vous les égouttez et les mettez dans vos bouteilles en tapant de temps en temps le fond pour en faire tenir le plus possible, ensuite vous remplissez vos bouteilles de sirop à 25 degrés froid, vous bouchez et ficelez, et faites bouillir quatre minutes.

On peut faire ces compotes sans faire blanchir ses prunes, il suffit pour cela de les piquer et de les mettre à mesure dans les bouteilles avec du sirop à 23 degrés, elles sont aussi belles, mais souvent elles conservent un goût un peu âcre.

Il faut aussi prendre garde de confondre la Mirabelle avec une espèce de prune qui lui ressemble beaucoup, si ce n'est qu'elle est plus longue.

Compote de reine-Claude.

Vous prenez des prunes de reine-Claude fraîches, presque vertes, vous leur coupez le bout de la queue et les piquez de huit à dix trous comme pour les confire, en les mettant à mesure dans une bassine avec de l'eau; quand elles sont toutes piquées, vous mettez votre bassine sur le feu et faites chauffer jusqu'à ce que vous voyiez qu'elles montent sur l'eau. A mesure qu'elles montent vous les enlevez avec votre écumoire et les mettez dans de l'eau fraîche; quand elles y sont toutes vous les égouttez et les mettez dans un sirop que vous aurez préparé d'avance à dix degrés bouillant; quand il est bouillant, vous jetez vos reine-Claude dedans et les laissez un instant sur le feu; quand vous voyez que le sirop va bouillir, vous enlevez la bassine de dessus le feu et versez le tout dans une terrine, vous mettez une feuille de papier dessus et les laissez jusqu'au lendemain, alors vous égouttez vos reine-Claude sur un clayon ou une passoire et mettez ensuite votre sirop dans votre bassine, le mettez sur le feu et faites cuire le sirop à treize degrés; vous jetez vos reine-Claude dedans comme le premier jour, et quand elles sont prêtes à bouillir, vous enlevez la bassine de dessus le feu et versez dans votre terrine; le lendemain vous faites le même travail en faisant cuire le sirop à seize degrés, et le jour suivant à vingt. Quand votre sirop et vos prunes sont refroidies, vous pouvez les mettre dans vos bouteilles, en vous servant de ce même sirop pour les remplir ; ensuite vous bouchez et ficelez, et vous faites bouillir quatre minutes.

Cette manière de préparer les compotes de prunes est la meilleure, mais si on trouvait qu'elle est trop compliquée on pourrait, quand une fois les prunes sont blanchies et rafraîchies, les mettre dans les bouteilles et les remplir de sirop à vingt cinq degrés froid, les boucher, les ficeler et faire bouillir cinq minutes. Mais autant que possible il faut s'en tenir à la première recette, car les prunes sont plus pénétrées de sirop et sont meilleures.

Compote d'ananas.

Comme il y a des temps où les ananas sont très rares, on peut, dans la saison, en conserver pour compote ou pour glace, il suffit, pour compote, de les couper par tranches après les avoir pelés de les mettre dans les bouteilles en en mettant environ aux deux tiers de la bouteille, et remplir avec du sirop à trente-cinq degrés froid, les boucher, les ficeler et faire bouillir sept minutes. Les peaux et les morceaux qui seraient trop petits pour compote doivent se mettre dans une bouteille avec du sirop à vingt-cinq degrés froid et doivent bouillir sept minutes de même, et peuvent être employés pour glace et le sirop pour des bonbons.

Compote de poires.

On ne conserve pas souvent des poires, vu que ce fruit se conserve naturellement presque toute l'année.

Si cependant on voulait en conserver, il faudrait les apprêter de même que pour les confire, et quand elles ont passé la cinquième façon, ou pour mieux dire, celle où le sirop pèse vingt-un degré chaud, ce qui le met à vingt-six degrés froid. Ainsi donc, quand elles ont passé par cette façon et qu'elle sont refroidies, vous les mettez dans des bouteilles, que vous remplissez avec le même sirop qui leur a déjà servi pour les confire, après l'avoir passé au tamis de soie, vous bouchez, ficelez et faites bouillir cinq minutes.

Marrons conservés.

On peut aussi conserver des marrons pour servir en compotes ou pour les glacer dans l'été. Il faut les préparer comme pour les confire, et quand ils ont reçu trois façons et qu'ils sont froids, vous les mettez en bouteille avec leur sirop, bouchez, ficelez et faites bouillir trois minutes.

Si vous voulez les glacer, quand vous débouchez

votre bouteille, vous égouttez vos marrons en renversant la bouteille sur un tamis, mettez votre sirop dans un poêlon, lui ajoutez un peu de sirop de sucre et vous le faites cuire à trente-deux degrés bouillant, jetez vos marrons dedans et ensuite versez le tout avec précaution dans une terrine, et le lendemain vous pouvez les glacer au tirage.

Abricots verts et verjus.

On conserve aussi quelquefois des petits abricots verts et du verjus que l'on met d'ordinaire dans des petits bocaux. Ces conserves s'emploient par les cuisiniers principalement pour garnir les macédoines de fruits et pour décorer les gelées.

Il faut préparer et commencer ces fruits comme pour les confire, et quand ils ont passé la quatrième façon et qu'ils sont froids, vous les mettez dans vos petits bocaux, que vous remplissez avec le sirop qui a servi à les confire, les bouchez, ficelez et les faites bouillir quatre minutes.

CHAPITRE IV.

Conserve de jus de groseilles trouble.

Vous prenez des groseilles rouges, pas trop mûres, car quand les groseilles sont trop mûres les glaces faites avec le jus ont toujours un goût de confiture, qui n'est pas agréable; vous pressez pour faire passer le jus à travers un tamis de crin, vous prenez environ un cinquième de framboises (c'est à dire, une livre de framboises pour quatre livres de groseilles) que vous faites passer de même, ensuite vous mélangez ces deux jus ensemble et mettez le tout en bouteilles, bouchez bien vos bouteilles, les ficelez et les faites bouillir cinq minutes. Il faut faire ce travail le plus vivement possible pour que le jus de groseilles n'ait pas le temps de fermenter, car si la fermentation était dans votre jus avant de le mettre à l'ébullition, toutes vos bouteilles casseraient. Si vous vouliez en faire plus de douze ou quinze bouteilles le même jour et que vous soyez seul à travailler, il faudrait, aussitôt que vous auriez fait passer assez de jus pour emplir un douzaine de bouteilles, les emplir et les mettre bouillir avant que de continuer à écraser d'autres groseilles : plus il fait chaud et plus la fermentation est précoce.

On peut faire en toute saison, avec des jus de groseilles troubles, des confitures, en mettant une livre et demie de sucre par bouteille de jus et les faisant cuire comme dans la saison des groseilles.

Jus de groseilles clair.

Vous prenez vingt livres de groseilles rouges, six livres de framboises et six livres de cerises; vous écrasez tous vos fruits ensemble dans un tamis de crin pour en extraire le jus; ensuite vous mettez ce jus dans un vase quelconque et le mettez dans un endroit frais, mais pas trop humide, car dans une cave trop humide est malsaine, votre jus serait exposé à tourner en vinaigre au lieu de se décomposer comme il faut qu'il le fasse pour arriver à un bon résultat. Au bout de seize à dix-huit heures que votre jus est au frais, vous regardez s'il s'est formé une croûte au-dessus un peu ferme et épaisse au moins de trois à quatre centimètres, si vous voyez que la croûte ne soit pas encore ferme, vous laisseriez votre jus encore quelque temps en regardant de temps en temps à quel point il en est, quelquefois même le jus reste trente à trente-six heures avant que d'être à point, le mucilage se sépare du jus comme la crême se sépare du lait, j'appelle mucilage le suc qui donne assez de corps au jus de certain fruit pour que l'on puisse le faire congeler, il faut donc retirer ce suc si l'on veut faire du sirop, car si vous vouliez faire du sirop de groseille avec du jus sortant d'être pressé, et quand bien même vous l'auriez passé à la chausse pour le rendre clair, une fois dans vos bouteilles votre sirop se congelerait, on a trouvé le moyen, en joignant du jus de cerises au jus de groseilles, d'obtenir cette séparation après un jour ou deux de fermentation. Quand vous verrez que le jus sera ferme et qu'en penchant un peu le vase dans lequel il est contenu, il en coule un jus clair et limpide, vous enlevez la croûte qui est au-dessus avec une écumoire et vous faites passer votre jus, quoique clair, à la chausse ou dans un tamis de soie, après vous le mettez dans vos bouteilles, bouchez, ficelez et faites bouillir cinq minutes.

Ce jus vous servira pour faire le sirop de groseilles et des rafraîchissements à la groseille appelés liqueurs fraîches, il peut servir aux cuisiniers pour les gelées d'entremets.

Nota. Les fruits qui renferment le plus de mucilage, sont : les coings, les pommes et les groseilles, les framboises et les prunes de Mirabelles en contiennent un peu, mais pas en assez grande quantité pour pouvoir en obtenir une gelée très ferme.

Jus de framboises conservé pour les glaces.

Vous prenez des framboises rouges et fraîches cueillies, vous en faites passer le jus et la chair à travers un tamis de crin, en en faisant passer le plus possible, vous mettez ensuite ce jus dans vos bouteilles, les bouchez, les ficelez et faites bouillir cinq minutes.

Jus de framboises clair pour sirop.

Vous mettez vos framboises dans une bassine et sur le feu, en y joignant un peu d'eau, les faites crever tout doucement et les renversez ensuite sur un tamis de crin, que vous aurez posé sur une terrine, pour que le jus s'égoutte sans les presser ; quand il ne tombe plus rien dans la terrine, vous passez ce jus à la chausse et le laissez refroidir ; quand il est froid vous le mettez dans vos bouteilles, bouchez et ficelez et faites bouillir cinq minutes.

Autre manière d'opérer.

Quand les framboises sont bien mûres et cueillies un peu d'avance, vous les mettez dans un vase tel qu'une terrine, et en les secouant un peu, elles se crèvent et rendent un jus clair ; alors vous pouvez les verser toutes sur un tamis que vous aurez posé sur une terrine et laissé égoutter ce jus sans presser les framboises et après l'avoir laissé reposer un instant vous le tirez à clair, le mettez dans vos bouteilles, les bouchez et ficelez et faites bouillir de même cinq minutes. Le jus préparé de cette manière conserve bien mieux son parfum et a plus de fraîcheur que le précédent ; mais il n'y a que quand on emploie beaucoup de framboises que l'on peut se servir de ce procédé, car si on n'employait pas les framboises qui restent dans le tamis il y aurait trop de perte, vous les pressez pour faire passer le restant du jus au travers de votre tamis et le mettez ensuite dans vos bouteilles, bouchez, ficelez et faites bouillir cinq minutes ; ce jus peut s'employer pour les glaces, mais il est moins bon que quand on laisse tout le jus, car le jus qui s'égoutte est l'âme de la framboise.

Jus de cerise trouble pour glaces et sorbets.

Vous prenez des cerises bien mûres et vous retirez celles qui seraient gâtées, ensuite vous leur enlevez seulement les queues et les mettez dans un mortier, les pilez un peu et les mettez dans vos bouteilles en mettant tout ensemble, jus, cerises et noyaux ; après cela, vous bouchez, ficelez et faites bouillir cinq minutes, quand vous voulez employer ce jus, vous débouchez une bouteille, la versez sur un tamis de crin que vous aurez posé sur une terrine et faites passer le jus au travers et vous pourrez l'employer pour glaces ou pour sorbets, et même vous pouvez vous en servir pour vos liqueurs fraîches en les passant à la chausse.

Jus de cerises clair.

Vous prenez des cerises bien mûres, vous les pressez dans un tamis de crin pour en extraire le jus, ensuite vous passez ce jus à la chausse jusqu'à ce qu'il passe clair, si vous pouvez vous procurer des cerises noires appelées griottes, vous en mettriez le quart, c'est-à-dire une livre de griottes sur quatre livres de cerises ordinaires, ce qui donne une belle couleur à votre jus. Quand il passe clair, vous le mettez dans vos bouteilles et les bouchez et ficelez et faites bouillir cinq minutes.

CHAPITRE V.

Purée d'abricots pour glaces.

Vous prenez des abricots bien mûrs, auxquels vous enlevez les noyaux, et vous les écrasez sur un tamis de crin un peu gros pour faire passer le plus de chair possible, en vous servant pour les faire passer d'une cuiller de bois ou d'une spatule. Quand vous en aurez fait passer le plus possible, (il ne doit plus rester que la peau), vous pesez ce qui est passé et y joignez un quart de litre de sirop à 30 degrés froid par livre d'abricots, vous remuez le tout ensemble dans la terrine et vous remplissez vos bouteilles, les bouchez et les ficelez, et faites bouillir six minutes.

Les abricots de plein vent sont les préférables pour ce travail. On peut faire de même de la purée de pêches pour employer à faire des glaces à la pêche.

CHAPITRE VI.

Manière de préparer des compotes conservées avant de les servir.

Quoique les compotes conservées d'après les règles que j'ai prescrites soient sucrées au plus haut degré que les fruits puissent le permettre sans raccornir, il se trouve encore beaucoup de consommateurs qui désireraient les manger plus sucrées, voici dans ce cas comment on doit les préparer avant de les servir sur la table.

Compote de cerises avec ou sans noyaux.

Quand vous êtes pour servir une compote de cerises, vous renversez votre bouteille après l'avoir débouchée dans un tamis de crin que vous aurez posé sur une terrine, le jus passera à travers le tamis et les cerises resteront dedans ; alors vous versez votre jus dans un poêlon en y joignant 65 grammes (deux onces) de sucre en pain, et vous mettez votre poêlon sur le feu, vous faites fondre votre sucre et laissez prendre un bouillon à votre jus. Pendant ce temps vous rangez vos cerises dans votre compotier en mettant toutes les queues en l'air ; quand votre sirop aura bouilli environ deux minutes, vous le verserez avec précaution pour ne pas deranger vos cerises.

Compote d'abricots.

Après avoir versé votre compote d'abricots sur un tamis de crin, de même que les cerises, vous mettez le sirop dans un poêlon, en y joignant 65 grammes (2 onces) de sucre en pain. Quand votre sucre sera fondu et que votre sirop aura pris un bouillon, vous le verserez, en le passant au tamis de soie, sur vos abricots, que vous aurez rangés pendant ce temps dans votre compotier.

S'il se trouvait des morceaux d'abricots qui ne voulussent pas sortir de la bouteille, il faudrait les aider en frappant légèrement avec la main le fond de la bouteille, et ne pas chercher à les atteindre avec une cuillère ou tout autre objet, car on courrait risque de les déchirer.

Compote de pêches.

Les pêches et leur sirop ne doivent pas sentir le feu ; le sirop d'une compote de pêches, qui aurait le meilleur goût possible, deviendrait mauvais à jeter après avoir pris quelques bouillons, le goût de pêche aurait entièrement disparu. Voici comment il faut s'y prendre pour les resucrer sans en altérer le parfum : vous débouchez votre compote la veille du jour où vous devez la servir, vous la versez sur un tamis de de crin, et ensuite vous enlevez la peau de dessus vos morceaux de pêches ; cette peau ne doit plus tenir et doit partir rien qu'en la poussant un peu avec le pouce ; s'il y en avait qui voulût résister, il faudrait les enlever proprement avec un couteau. A mesure que vous enlevez la peau, vous rangez vos morceaux dans votre compotier, ensuite vous prenez cinquante grammes de sucre en poudre, que vous mettez le plus également possible sur tous vos morceaux de pêches, et vous reversez le sirop dessus en le passant au tamis de soie ; le lendemain, ce sucre sera fondu et le jus de votre compote doit se trouver clair.

Framboises et mirabelles.

Les compotes de mirabelles et celles de framboises se préparent positivement de même que celle de cerises.

Ananas.

La compote d'ananas se resucre comme celle de pêche, sans aller sur le feu.

Reine-Claude et Poire.

Les compotes de prunes de reine-Claude et celles de poires étant déjà confites à moitié avant d'être mises en bouteille, n'ont pas besoin d'être sucrées davantage, il suffit de les ranger dans les compotiers, de verser le sirop dessus en le passant au tamis de soie. Si cependant on tenait à les avoir encore plus sucrées, il faudrait les préparer de même que les abricots.

Marrons conservés.

Si on voulait servir des marrons conservés en compote, il suffirait de verser le sirop dessus, après les avoir rangés dans le compotier.

Transport de conserves.

Si vous aviez à faire voyager des conserves, i faudrait toujours placer vos bouteilles debout en les emballant. Les bouteilles étant debout, le fruit est moins exposé à s'abîmer par l'agitation de la voiture.

CINQUIÈME PARTIE.

DES SIROPS.

On appelle sirop toutes les préparations liquides dans lesquelles on a fait dissoudre une quantité de sucre suffisante pour qu'elles puissent se conserver pendant un long espace de temps. Pour que les sirops puissent se conserver, il faut qu'ils pèsent bouillants de 31 à 32 degrés au pèse-sirop.

On appelle sirop de sucre le sirop qui n'est composé que de sucre et d'eau naturelle, tel que le sucre clarifié.

CHAPITRE III.

Sirop de groseille framboisée.

Un litre de jus, trois livres de sucre.

Pour un litre de jus de groseille claire, préparé de

la même manière que pour les conserves de jus clair (Voyez *Conserve de jus de groseille claire*, p. 208) vous prenez trois livres de sucre en pain que vous cassez par morceaux et le mettez dans une bassine ; vous versez votre jus dessus et mettez votre bassine sur le feu, vous faites fondre votre sucre en le remuant et l'écrasant avec votre écumoire ; quand le sucre est fondu et que le sirop est prêt à bouillir, vous l'écumez, et aussitôt qu'il bout vous enlevez votre bassine de dessus le feu et pesez votre sirop : il doit peser trente-deux degrés. S'il n'en portait que trente ou trente-un, vous le laisseriez cuire jusqu'à ce qu'il ait atteint cette cuite, et s'il pesait plus de trente-deux, vous le mettriez à cette cuite en y joignant un peu d'eau, ou, ce qui vaudrait mieux, un peu de jus clair.

Aussitôt donc que votre sirop pèse trente-deux degrés, vous le retirez de dessus le feu et le faites passer à la chausse ou seulement au tamis de soie ; si vous n'avez ni l'une ni l'autre, vous le passerez tout simplement à travers une serviette propre. Quand il est passé, vous pouvez le mettre en bouteille, et ne le boucher que quand il est froid. Je fais mettre le sirop en bouteille chaud, parce que s'il restait un peu d'humidité dans vos bouteilles, le sirop étant froid ne pourrait absorber cette humidité et serait sujet plus tard à fermenter, car il ne faut qu'une goutte d'eau pour faire gâter une bouteille de sirop, au lieu que le sirop étant chaud, il fait évaporer l'humidité, s'il en existe ; il faut même, pour bien faire, emplir vos bouteilles jusqu'au haut du goulot; par ce moyen, il ne peut rester aucune humidité; autrement l'évaporation du sirop reste dans le goulot, et ensuite retombe en eau sur le sirop. Il faut, quand on est pour boucher ses bouteilles, si on les a emplies comme c'est marqué plus haut, avoir soin de verser un peu de sirop pour qu'il y ait la distance voulue entre le sirop et le bouchon. Quand on met son sirop bien chaud dans ses bouteilles, il faut commencer d'abord par ne mettre qu'environ un verre de sirop et le remuer doucement pour que la bouteille s'échauffe, car si on l'emplissait tout d'une fois, elle pourrait se casser.

Ces observations s'adaptent à tous les sirops que l'on met en bouteille, ce sont de ces précautions qui sont quelquefois inutiles, mais jamais nuisibles. On ne saurait jamais prendre trop de soins, car rien n'est désagréable comme d'être obligé de faire recuire du sirop peu de temps après qu'il a été fait, ce qui lui ôte toujours de sa qualité; un sirop que l'on a été obligé de faire recuire n'a jamais le même parfum ni la même fraîcheur. Les sirops, une fois froids, doivent être bien bouchés, et mis dans un endroit frais et dont la température ne varie pas.

Si cependant vous aviez du sirop qui voulût fermenter, il faudrait, aussitôt que vous vous en apercevriez, déboucher vos bouteilles, verser votre sirop dans une bassine, et le mettre sur le feu en y joignant un décilitre d'eau par bouteille, ensuite vous le feriez bouillir en l'écumant de temps en temps, et vous le laisseriez cuire jusqu'à ce qu'il pèse trente-deux degrés; vous ne le remettriez dans les mêmes bouteilles qu'après les avoir bien rincées, car si on négligeait de rincer les bouteilles et qu'on le remît dedans, la fermentation le reprendrait de suite.

Sirop de cerises.

Vous prenez des cerises bien mûres; après avoir retiré celles qui seraient gâtées, vous les écrasez dans un tamis de crin pour en faire passer le jus dans une terrine que vous aurez posée sous votre tamis. Quand votre jus est passsé, vous le mesurez et vous prenez trois livres de sucre par litre de jus, ensuite vous cassez votre sucre, le mettez dans une bassine, vous versez votre jus de cerises dessus et mettez la bassine sur le feu; alors vous faites fondre votre sucre en le remuant avec votre écumoire; quand il est fondu, vous laissez prendre un bouillon à votre sirop, l'écumez et le pesez. Il doit peser bouillant trente-deux degrés. S'il pesait plus, vous le feriez descendre à cette cuite en y ajoutant un peu de jus de cerises, ou à défaut un peu d'eau; et s'il pesait moins, vous le laisseriez bouillir jusqu'à ce qu'il ait atteint ce degré. Une fois donc que votre sirop a bouilli deux minutes et qu'il pèse trente-deux degrés, vous l'enlevez de dessus le feu, le passez à la chausse et le mettez en bouteille, en observant les mêmes soins que pour le sirop de groseille.

Si vous aviez fait des cerises à mi-sucre, vous joindriez le sirop qui en proviendrait à celui que vous faites, en les mêlant au moment où le sucre est fondu. Vous les pesez quand ils bouillent, tout le reste de même.

Sirop de framboises.

Pour faire du bon sirop de framboises, voici la meilleure manière d'opérer : vous prenez des framboises rouges bien mûres et en assez grande quantité, vous les mettez dans une terrine, après avoir retiré les queues, si on les avait cueillies avec; vous les secouez un peu pour leur faire rendre leur jus, et ensuite vous les versez sur un tamis que vous aurez posé sur une terrine et vous laisserez égoutter vos framboises au moins deux heures ; le jus qui passe à travers le tamis est d'ordinaire très clair. Quand vous voyez qu'il ne passe plus de jus, vous mesurez ce qui a passé et prenez trois livres et quart de sucre par litre de jus de framboises, vous cassez votre sucre, le mettez dans une bassine et vous versez votre jus de framboises dessus, ensuite vous mettez votre bassine sur le feu et faites fondre votre sucre ; quand il est fondu et que votre sirop est prêt à bouillir, vous l'écumez et le pesez; il doit peser bouillant trente-deux degrés, vous ne le laissez pas bouillir, car le parfum de la framboise est très volatil, et en bouillant ce sirop perdrait de sa bonté; c'est pour cela aussi que je fais mettre pour ce sirop un peu plus de sucre que pour les autres, afin qu'une fois que le sucre est fondu, il pèse au moins trente-deux degrés. Il y aurait bien moins d'inconvénients à remettre un peu d'eau pour le remettre à sa cuite, s'il pesait plus que le degré voulu que d'être obligé de le laisser bouillir pour atteindre trente-deux degrés, s'il n'en pesait que trente ou trente-un; une fois donc que votre sucre est fondu et que votre sirop pèse trente-deux degrés, vous le retirez de dessus le feu, le passez à la chausse et ensuite le mettez dans vos bouteilles, de même que le sirop de groseille. Aussitôt que votre sirop est fait, il faut vous occuper à faire passer le reste de vos framboises à travers votre tamis, et mettre le jus dans les bouteilles, les boucher, ficeler et faire bouillir cinq minutes (voyez *conserve de framboises pour glace*). Si vous attendiez trop longtemps, la fermentation se mettrait dans vos framboises et elles seraient perdues. Vous pouvez les employer de même pour framboiser des jus de groseilles (voyez *groseilles troubles*, p. 206).

Autre manière de préparer le même sirop.

Quoique la manière que je viens d'indiquer soit sans contredit la meilleure, elle ne peut pas être toujours suivie, car si vous n'aviez que très peu de framboises ou que vous ne vouliez en employer que pour votre sirop, vous ne pourriez le faire comme je l'ai marqué, vu que vous n'obtiendriez pas assez de jus; voici alors ce qu'il faudrait faire :

Vous mettriez vos framboises dans une bassine et vous les feriez crever sur le feu, ensuite vous les verseriez de même dans votre tamis et les laisseriez s'égoutter sans les presser, elles vous rendront beaucoup plus de jus que les précédentes. Vous mesurez ce jus et mettrez de même trois livres un quart de sucre par litre de jus et finirez votre sirop comme le précédent ; ce qui reste de framboise dans le tamis n'est plus bon à rien.

Sirop de mûres.

Vous prenez des mûres bien mûres, vous les mettez dans une bassine après les avoir épluchées et vous les faites crever sur le feu, ensuite vous les versez dans un tamis de crin que vous aurez posé sur une terrine et vous les laissez s'égouter sans les presser, vous mesurez ce jus et mettez trois livres de sucre par litre de jus, vous cassez votre sucre et le mettez dans votre bassine, versez votre jus dessus et mettez la bassine sur le feu, vous faites fondre le sucre en le remuant avec l'écumoire; quand le sucre est fondu et qu'il bout, vous pesez votre sirop, il doit peser trente-deux degrés, s'il pesait plus ou moins, vous le mettriez à ce degré en y ajoutant un peu de jus ou d'eau s'il pesait plus, ou en le laissant bouillir quelques minutes s'il pesait moins, quand il pèse trente-deux degrés, vous le passez à la chausse et le mettez en bouteille comme le sirop de groseille. Ce sirop s'emploie d'ordinaire pour calmer les maux de gorge.

Sirop d'oranges.

(*Douze oranges, six citrons, six livres sucre.*)

Vous prenez douze oranges et six citrons, vous commencez par mettre un demi-litre de sirop de sucre froid dans une petite terrine, ensuite vous zestez six de vos oranges en faisant tomber le zeste à mesure dans votre sirop de sucre et ensuite vous couvrez votre terrine avec une feuille de papier et vous laissez infuser à froid jusqu'au lendemain, alors vous pressez vos oranges et vos citrons au-dessus de votre zeste ou pour mieux dire dans la même terrine, vous mêlez le tout ensemble, sirop, zeste et jus, vous mesurez ce mélange et vous y ajoutez de l'eau jusqu'à concurrence de deux litres tout compris, vous passez ce liquide au tamis de soie ; quand votre jus est ainsi préparé, vous pesez six livres de sucre, les cassez par morceaux et le mettez dans votre bassine ; vous versez le jus dessus, mettez la bassine sur le feu et faites fondre le sucre; quand il est fondu et que le sirop va bouillir, vous pesez votre sirop : il doit peser au moins trente-deux degrés et même plus parce que dans les deux litres de liquide que vous avez employés pour faire fondre votre sucre il y avait un demi-litre de sirop, ce qui nécessairement doit en augmenter le degré, vous le remettriez à trente-deux degrés en y ajoutant un peu d'eau s'il pèse plus, et aussitôt qu'il est réglé à ce degré, vous le passez à la chausse, et quand il est clair vous le mettez en bouteille comme le sirop de groseille.

Sirop de limon.

(Dix-huit citrons, six livres sucre.)

Le sirop de limon doit se faire de la même manière que le sirop d'oranges. Vous choisissez dix-huit citrons qui aient la peau bien fine, car ce sont ceux qui ont le plus de jus; vous en zestez six dans une petite terrine où vous aurez mis un demi-litre de sirop de sucre, vous couvrez vos zestes et vous les laissez ainsi jusqu'au lendemain ; au bout de ce temps vous pressez vos citrons au-dessus de votre petite terrine et vous joignez de l'eau à ce mélange pour obtenir deux litres de liquide que vous passerez au tamis de soie et dans lequel vous ferez fondre six livres de sucre en le mettant à trente-deux degrés et le finissant comme le sirop d'oranges.

CHAPITRE II.

Sirop d'orgeat.

(*Deux livres amandes, neuf livres sucre, trois lit. d'eau.*)

Vous prenez deux livres d'amandes dont neuf cents grammes amandes douces et cent grammes amandes amères, vous mettez de l'eau dans un poêlon et sur le feu. Quand votre eau bout, vous jetez vos amandes dedans et les laissez jusqu'à ce que vous voyiez qu'en les pressant sous vos doigts la peau se crève et que l'amande en sorte facilement, alors vous les retirez de dessus le feu et les renversez sur un tamis en ayant soin de verser de l'eau fraîche dessus pour les rafraîchir. Ensuite vous enlevez la peau, ce qui s'appelle monder ses amandes et vous les mettez à mesure dans une terrine d'eau fraîche; quand elles sont toutes mondées, vous les changez d'eau pour les laver et ensuite vous les pilez, il faut pour bien faire ne piler que très peu d'amandes à la fois et diviser ses deux livres en huit parties, si on voulait les piler toutes d'une fois cela demanderait beaucoup plus de temps et elles ne seraient jamais aussi bien pilées, il faut pour qu'elles le soient assez que l'on ne sente plus de morceaux d'amandes en pressant la pâte sous les doigts; il faut avoir soin de mouiller les amandes de temps en temps avec un peu d'eau, environ une cuiller à bouche à la fois pour qu'elles ne graissent pas. Si on pilait des amandes sans y mettre un peu d'eau de temps en temps, elles tourneraient à l'huile, à mesure que vous en avez une partie de pilée, vous l'enlevez de votre mortier et la mettez dans une terrine et ainsi de suite jusqu'à ce qu'elles soient toutes pilées : quand toutes vos amandes sont pilées et dans votre terrine, vous détrempez cette pâte avec un litre et demi d'eau en ne versant que peu à la fois et toujours en remuant vos amandes avec une spatule. Quand vous aurez versé toute l'eau et que votre pâte sera bien délayée, vous la presserez dans un torchon très fort en ne mettant que le quart de vos amandes à la fois pour pouvoir les presser davantage et en ayant soin de ne pas jeter vos amandes à mesure que vous les pressez, car quand elles le sont toutes vous les remettez dans votre terrine et vous les redélayez avec un autre litre et demi d'eau et vous les repressez une seconde fois ; ensuite vous pesez neuf livres de sucre en pain que vous cassez et mettez dans une bassine ; vous mesurez votre lait d'amandes (il doit s'en trouver trois litres) et vous le versez sur votre sucre et vous mettez la bassine sur le feu, faites fondre le sucre, quand il est fondu et le sirop prêt à bouillir, ou pour mieux dire quand il monte dans la bassine, vous la retirez de dessus le feu et vous pesez votre sirop ; il faut pour qu'il puisse se conserver qu'il pèse au moins trente-un degrés, jusqu'à trente-deux vous ne décuiriez pas votre sirop, mais s'il passait ce degré vous y ajouteriez un peu d'eau pour le mettre à trente-deux, en le laissant chauffer. Mais autant que possible il ne faut pas le laisser bouillir, une fois qu'il monte il faut l'enlever de dessus le feu et le passer dans un tamis de soie, et ensuite le mettre en bouteille de même que le sirop de groseilles.

Quand on veut garder le sirop d'orgeat un peu de temps, il faut avoir soin de renverser ses bouteilles tous les huit ou dix jours, c'est-à-dire de laisser les bouteilles dix jours dans la position qu'on leur donne ordinairement et dix jours les bouteilles posées sur le bouchon et le fond en haut : une planche à mettre égouter les bouteilles serait très commode pour cet usage ; on prend cette précaution vu que les amandes tendent toujours à monter sur le sirop et que si on ne retournait pas les bouteilles elles se fixeraient toutes au goulot, noirciraient et finiraient par donner mauvais goût au sirop.

CHAPITRE III.

Sirop de gomme.

(Demi-livre gomme, quatre livres sucre.)

Vous prenez une demi-livre de belle gomme arabique, vous commencez par la laver dans un vase avec de l'eau pour enlever la poussière qui pourrait s'être fixée dessus, ensuite vous la mettez dans un bain-marie, ou faute de bain-marie dans tout autre vase, elle pourrait se mettre au besoin dans un poêlon ou une casserolle; vous versez sur votre gomme un litre d'eau bouillante et vous la laissez ensuite sur un endroit chaud tel que sur le coin d'un fourneau à plaque ou sur un peu de cendre chaude, en ayant soin de la remuer de temps en temps pour qu'elle se dissolve, il faut prendre garde qu'elle ne s'attache au fond du vase, ce qui lui donnerait mauvais goût. Si vous n'aviez pas le temps de soigner convenablement votre gomme, il faudrait pour n'être pas exposé à la perdre, mettre le bain-marie dans lequel vous aurez mis votre gomme dans une casserolle où il y aurait de l'eau bouillante et vous laisseriez cette casserolle sur un feu très doux jusqu'à ce que votre gomme soit fondue : ce moyen est plus long, mais la gomme ne court aucun risque, il faut seulement avoir soin d'entretenir toujours de l'eau dans la casserolle pour que le bain-marie ne se trouve pas à sec; quand une fois votre gomme est fondue, vous la passez dans une serviette que vous aurez mouillée et pressée, ensuite vous pesez quatre livres de sucre que vous cassez par morceaux et mettez dans une petite bassine en la mouillant avec un litre d'eau filtrée, vous mettez votre bassine sur le feu et faites fondre votre sucre; quand il est fondu et qu'il bout, vous l'écumez et mettez votre gomme dedans, et quand il recommence à bouillir vous le pesez, il doit peser trente-un degrés fort, s'il pesait plus vous le feriez descendre à ce degré en y joignant un peu d'eau et s'il pesait moins vous le laisseriez bouillir jusqu'à ce qu'il ait atteint cette cuite; une fois qu'il est réglé à trente-un et demi, vous le retirez de dessus le feu et versez dedans une cuillerée à bouche d'eau de fleur d'orange, vous l'écumez de nouveau et le passez au tamis de soie. Il serait trop épais pour pouvoir être passé à la chausse, vu que la dose de gomme est très forte. Il faut le mettre en bouteille comme le sirop de groseille.

Sirop de guimauve.

Prenez un quart de guimauve fraîche, ou faute de fraîche vous la prenez sèche; vous la lavez et la ratissez pour enlever la première peau, ensuite vous la fendez par petits morceaux que vous mettez dans un poêlon avec un litre d'eau, vous mettez le poêlon sur le feu et laissez bouillir jusqu'à ce que l'eau soit réduite à un demi-litre, alors vous retirez votre poêlon de dessus le feu, et vous jetez dedans une petite poignée de fleurs de guimauve, couvrez le poêlon et laissez infuser un quart d'heure, ensuite vous versez le tout sur un tamis pour recevoir la décoction dans un vase, les racines et les fleurs restent dans le tamis; ensuite vous pesez six livres de sucre que vous cassez par morceaux et que vous mettez dans une bassine en le mouillant avec un litre et demi d'eau filtrée; vous mettez la bassine sur le feu et faites fondre le sucre; quand il est fondu, vous mettez votre décoction de guimauve et vous laissez bouillir ; aussitôt que le sirop bout vous le pesez, quand il a atteint trente-deux degrés, vous le retirez de dessus le feu et le passez à la chausse ou au tamis de soie et le mettez en bouteille comme le sirop de groseille. Il n'est pas besoin de dire que s'il pesait plus de trente-deux degrés, il faudrait ajouter un peu d'eau pour le descendre à cette cuite.

CHAPITRE IV.

Sirop de vinaigre framboisé.

Vous prenez deux livres de framboises rouges, épluchées et bien mûres, vous les mettez dans une petite cruche ou tout autre vase qui puisse se boucher, tel qu'un bocal, et vous versez sur vos framboises deux litres de bon vinaigre, franc de goût, et vous laissez cette infusion au frais pendant quatre à cinq jours; au bout de ce temps, vous mettez un tamis de crin sur une terrine, et vous versez le vinaigre et les framboises dessus, et vous laissez égouter le vinaigre au moins une heure sans presser les framboises, ensuite vous mesurez ce jus : il doit s'en trouver deux litres, ce qui demandrait six livres de sucre ; mais si les framboises rendaient beaucoup, il pourrait fort bien y en avoir un peu de plus, alors vous mettrez un peu plus de sucre, et en suivant les mêmes proportions de deux litres de jus pour six livres de sucre ; vous cassez votre sucre et le mettez dans une bassine et versez votre vinaigre dessus, vous mettez la bassine sur le feu et faites fondre le sucre ; une fois qu'il est fondu et qu'il bout, vous le pesez et le mettez à trente-deux degrés, en le laissant bouillir s'il pèse moins, et en y ajoutant un peu d'eau s'il pèse plus. Une fois qu'il est fixé à trente-deux degrés, vous le passez à la chausse et le mettez en bouteille de la même manière que le sirop de groseille.

CHAPITRE V.

Sirop de violettes.

Vous prenez une livre de fleurs de violettes que vous épluchez en ôtant les queues et les calices, ou pour mieux me faire comprendre, tout ce qu'elles ont de vert ; ensuite vous les mettez dans un grand pot, ou tout autre vase qui puisse se boucher hermétiquement ; ensuite vous faites bouillir deux litres d'eau filtrée, et vous la versez sur vos violettes en bouchant le vase dans lequel elles sont contenues, le plus vivement possible, et vous les laissez infuser jusqu'au lendemain, alors vous versez votre infusion sur un tamis de soie que vous aurez posé sur une terrine pour la recevoir; quand il ne reste plus que les violettes dans le tamis, vous les mettez dans un mortier bien propre, et vous les pilez; quand elles sont bien pilées, vous les pressez dans un linge pour en extraire le jus que vous mêlez ensuite à votre infusion, et vous mesurez le tout, et vous prenez du sucre dans les proportions de trois livres un quart de sucre passé au tamis de crin; pour chaque litre de liquide. Vous mettez le tout ensemble dans un vase quelconque, pourvu qu'on puisse le mettre au bain-marie; vous le mettez au bain-marie dans une casserolle ou dans une bassine dans laquelle vous aurez mis de l'eau froide, vous mettez le tout sur le feu; à mesure que l'eau qui est dans la casserole chauffe, la chaleur pénètre dans le vase et fait dissoudre le sucre; vous faites bouillir l'eau et vous remuez de temps en temps avec une spatule le sirop qui est dans le vase jusqu'à ce que le sucre soit entièrement fondu; quand vous voyez qu'il est fondu, vous pesez votre sirop, il doit peser trente-deux degrés; s'il pesait plus, vous le mettriez à cette cuite en y joignant un peu d'eau bouillante; s'il pesait moins, vous ajouteriez un peu de sucre en grains que vous feriez fondre avant de le peser; mais en observant les doses prescrites, il ne doit jamais peser moins; une fois donc qu'il est fixé à trente-deux degrés bouillant, vous le passez au tamis de soie et le mettez en bouteilles comme les autres sirops.

Sirop de coings.

J'ai marqué à l'article des coings confits qu'il fallait mettre, pour confire les coings, plus de sirop qu'il n'en faut ordinairement pour confire les autres fruits, vu que le sirop peut, une fois les coings confits, se mettre en bouteilles et se conserver comme sirop de coings, et que c'est sans contredit le meileur; mais si on voulait faire de ce sirop, et que l'on n'eût que peu de coings, voici comment il faudrait le faire : vous prenez vingt coings, vous les fendez en quatre et enlevez les pépins, et vous les coupez par petites tranches et les mettez à mesure dans une bassine où vous aurez mis 4 litres d'eau; vous la mettez sur le feu et laissez bouillir jusqu'à ce que l'eau soit diminuée d'un quart, c'est-à-dire que des quatre litres d'eau il n'en reste plus que trois environ, alors vous enlevez le bassin de dessus le feu et versez le tout dans une chausse; à mesure que le jus passe, vous le reversez dans la chausse jusqu'à ce qu'il passe clair, alors vous laissez passer jusqu'à ce qu'il ne coule plus rien; ensuite vous prenez ce jus et mettez trois livres de sucre par litre de jus; vous cassez le sucre par morceaux et le mettez dans une bassine, versez votre jus dessus et mettez votre bassine sur le feu; vous faites fondre votre sucre, et quand il est fondu et qu'il bout, vous écumez votre sirop et le pesez : il doit peser trente-deux degrés, s'il pesait moins vous le laisseriez bouillir jusqu'à ce qu'il ait atteint ce degré, de même que s'il pesait plus vous le feriez descendre à ce degré en y joignant un peu d'eau. Une fois le sirop à trente-deux degrés, vous le passez au tamis de soie et le mettez en bouteilles comme les précédents.

—

J'ai marqué la manière de faire tous les sirops qui sont les plus usités, je ne crois pas qu'il soit nécessaire d'en marquer davantage, mais s'il se trouvait que l'on eût besoin d'un sirop dont la recette ne serait pas indiquée sur ce livre, il suffirait de faire une décoction ou une infusion, suivant la nature de la plante ou du fruit que l'on voudrait employer. Les fleurs se font infuser et les racines bouillir. Les fruits tels que la capillaire et autres se font bouillir. Il faudrait prendre les préparations et y joindre du sucre dans les proportions de trois livres de sucre par litre de liquide, en observant que tout ce qui est fait par infusion ne doit pas bouillir sur le feu.

SIXIÈME PARTIE.

DES GLACES, SORBETS, LIQUEURS FRAICHES, ETC.

Les glaces étant le complément du dessert, il devient de toute nécessité pour les personnes capables de faire et de préparer un dessert, de pouvoir être à même de faire au moins un fromage glacé, à Paris on peut encore y suppléer en s'adressant au glacier, mais il n'en est pas de même à la campagne. C'est pourquoi je vais faire tout mon possible pour que toutes les personnes qui me feront l'honneur de travailler d'après les recettes indiquées sur ce manuel, puissent faire de bonnes glaces; je n'indiquerai que celles qui sont le plus en usage, en donnant les doses très précises, et toutes les explications que demande ce travail.

Je vais commencer par donner tous les détails pour faire congeler toute espèce de composition.

Il faut autant que possible glacer dans un endroit froid et sans courant d'air, principalement dans l'été, plus il y a d'air et plus la glace fond vite et par conséquent plus on en emploie, ainsi que de salpêtre. Il faut proportionner son salpêtre de manière à en employer une livre par quatre à cinq livres de glace, si on en employait plus, les glaces prendrait trop vite et la force du salpêtre déteriorerait les compositions; faute de salpètre il faudrait se servir de sel gris, le plus gris est souvent le meilleur : quant au sel on ne peut pas préciser la quantité, vu qu'il ne se trouve pas toujours de même qualité pour ce travail, il se trouve quelquefois des qualités de sel qui font congeler les compositions aussi vite que le salpêtre, et d'autres avec lequel on a de la peine à les faire congeler quoiqu'en employant un tiers de plus.

CHAPITRE PREMIER.

Des ustensiles nécessaires à la fabrication des glaces.

Pour faire des glaces à un seul goût il faut avoir une sarbotière, une houlette et un seau ; il faut que le seau soit presque perpendiculaire, c'est-à-dire qu'il soit presque aussi large du fond que de l'ouverture, il faut qu'il soit de huit centimètres plus large que la sarbotière si c'est une petite, dix centimètres pour une moyenne et douze centimètres pour une grande, c'est-à-dire que pour une petite sarbotière il faut qu'il y ait tout le tour une distance de quatre centimètres entre l'extérieure de la sarbotière et l'intérieur du seau, pour une moyenne cinq centimètres et pour une grande il faut que la distance soit de six centimètres tout autour, il faut que le seau soit percé d'un trou à environ trois centimètres du fond. On bouche ce trou avec une cheville en bois ou avec un bouchon, ce trou sert à égoutter l'eau, quand on voit que la sarbotière vacille dans la glace et que l'on veut la resangler, il faut que le seau soit aussi profond que la sarbotière est haute, c'est-à-dire qu'en posant la sarbotière dans le seau elle ne doit, étant découverte, ne le dépasser que d'un centimètre, il faut pour bien faire avoir autant de seaux et de sarbotières que l'on a de sortes de compositions; il faut aussi avoir une houlette pour détacher et travailler la composition à mesure qu'elle se congèle. Si cependant vous n'aviez qu'une sarbotière et que vous désiriez servir un fromage glacé, moitié vanille et moitié fraises, ou à tout autre goût, voici comment il faudrait vous y prendre, quand vous auriez fait congeler votre composition à la vanille, vous prenez un grand bain-marie bien propre, ou une boîte au lait en ferblanc, vous la mettez dans un seau ou tout autre vase, vous l'entourez de glace et de salpêtre, de même que l'on sangle une sarbotière; ensuite vous l'essuyez intérieurement crainte qu'il n'y soit tombé du salpêtre, et vous mettez dedans la composition que vous venez de faire congeler dans votre sarbotière. Vous la bouchez et la laissez ainsi le temps que vous faites congeler votre autre composition dans la même sarbotière; après l'avoir lavée et essuyée, et l'avoir sanglée de nouveau ; pour resangler une sarbotière, il suffit de lâcher l'eau produite par la glace fondue en tirant la cheville qui bouche le trou du seau, et ensuite remettre autour de la sarbotière de la glace et du salpètre, quand votre seconde composition est bien congelée vous les mettez toutes deux par moitié dans le même moule à fromage, et sanglez votre moule, on peut ne pas les mouler et les servir séparément en les dressant en rocher, chacune sur une serviette ployée et sur deux compotiers. Les glaces servies en rocher sont toujours plus moelleuses et plus délicates que quand elles sont mouillées.

CHAPITRE II.

DE LA CONGELATION DES COMPOSITIONS.

Il faut toujours autant que possible préparer les compositions de crême quelques heures d'avance pour qu'elles aient le temps de refroidir avant qu'on ne les mette dans les sarbotières, quand on est pour commencer à glacer il faut d'abord tailler un morceau de giace de la grandeur du fond de votre seau et de trois à quatre centimètres d'épaisseur, vous placez le morceau de glace dans le fond du seau, et vous jonchez dessus un peu de salpêtre, ensuite vous pilez de la glace dans un baquet auquel vous aurez fait poser en dessous un double fond pour que les coups que l'on donne sur la glace portent d'aplomb, ce qui empêche en même temps que votre baquet ne s'effondre.

Les glaciers se servent ordinairement pour piler la glace d'une espèce de pilon préparé pour cet usage, mais vous pouvez le remplacer par une moyenne bûche de bois, quand votre glace est bien pilée vous y joignez le salpêtre dans les proportions marquées plus haut et vous le mélangez avec la glace en vous servant pour faire ce mélange d'une pelle à main qui doit vous servir pour mettre la glace autour de la sarbotière, ensuite vous mettez votre sarbotière dans le seau qui doit la recevoir, et mettez la glace autour en l'enfonçant à mesure avec un morceau de bois qui puisse passer entre la sarbotière et le seau ; quand la glace est tassée autour de la sarbotière (ce qui s'appelle sangler), et que vous en avez mis jusqu'au haut du seau, vous débouchez votre sarbotière, l'essuyez bien intérieurement et mettez votre composition dedans, et après l'avoir rebouchée vous la faites tourner en la prenant par le couvercle, quand vous l'avez, faites tourner environ cinq minutes, et même moins si vous n'aviez que peu de composition, vous enlevez le couvercle avec précaution pour ne pas faire tomber de salpêtre dans la composition, vous détachez avec votre houlette tout ce qui est pris aux parois de votre sarbotière, vous ne la rebouchez pas vous travaillez avec votre houlette d'une main en faisant tourner la sarbotière de l'autre, jusqu'à ce que la composition soit congélée. Cette manière de glacer est la meilleure, c'est pourquoi il faut toujours glacer dans une sarbotière un peu grande, quand la sarbotière est seulement aux trois quart pleine il devient impossible de bien travailler ; la composition et les glaces sont toujours grumeleuses et par conséquent moins bonnes que quand elles ont été bien travaillées dans la sarbotière. On croit vulgairement en employant des petites sarbotières faire une économie de glace et de salpètre, c'est une erreur, vu qu'avec une petite sarbotière on est beaucoup plus de temps à faire congeler sa composition, et que l'on est obligé de la sangler plusieurs fois en tirant l'eau et remettant de la glace et du salpètre, une sarbotière de trente à trente-cinq centimètres de hauteur sur quatorze à seize de largeur est très convenable pour glacer, si l'on n'avait que peu de composition à faire congeler, on pourrait par économie ne pas mettre de la glace jusqu'au haut du seau.

Si vous ne pouviez vous procurer une sarbotière de moyenne grandeur et que vous soyez obligé de vous servir d'une petite vous la tourneriez plus longtemps avant de détacher la composition, en ayant soin de la travailler le plus possible, vous tournez la sarbotière environ cinq minutes, et la débouchez pour travailler la composition et ainsi de suite jusqu'à ce que vous voyiez que vos glaces sont assez fermes, il faut avoir soin de tirer l'eau et de remettre de la glace et du salpêtre aussitôt que vous voyez que la sarbotière vacille dans le seau, ce qui prouve qu'une grande partie de la glace est fondue, et qu'il n'en reste plus assez pour faire congeler la composition; beaucoup de praticiens prétendent qu'on ne doit pas travailler les glaces aux fruits et principalement celle à la groseille, il est vrai qu'en les travaillant on ne peut conserver la couleur et qu'elles pâlissent un peu, mais en récompense elles sont bien meilleures et plus moelleuses que si on ne les travaillait pas, et du reste je trouve une glace dont la couleur est rose préférable à celle dont la couleur est rouge; quoique l'on puisse vous dire, travaillez toutes les compositions en les faisant congeler, n'importe de quelle espèce, soit aux fruits ou à la crême, et vous obtiendrez de bonnes glaces : une composition bien préparée et mal glacée ne peut faire que des glaces médiocres.

CHAPITRE III.

DU MOULAGE DES GLACES.

Quand vous voulez mouler un fromage, vous em plissez un moule à fromage glacé avec de la composition que vous avez fait congeler d'avance dans une sarbotière, en ayant soin de taper de temps en temps le fond de votre moule pour qu'il s'emplisse bien et qu'il n'y reste pas d'air. Vous l'emplissez bien plein et le bouchez, le mettez dans un seau, puis vous le sanglez avec de la glace pilée et du salpêtre, toujours dans les mêmes proportions : une livre de salpêtre pour quatre à cinq livres de glace. Vous pilez votre glace et y mettez le salpêtre; ensuite vous mettez un peu de glace au fond du seau et mettez votre moule sur cette glace et remplissez le seau de la glace que vous venez de piler pour que le moule soit garni de glace de tous les côtés et par dessus. Si le moule n'était pas bien sanglé, les glaces qui sont dans l'intérieur du moule se ramolliraient. Il faut qu'un fromage glacé soit moulé au moins une heure à une heure et demie avant d'être servi. Quand vous êtes pour le servir, vous commencez par apprêter, dans une terrine ou tout autre vase, de l'eau tiède ; ensuite vous sortez votre moule de la glace et le trempez vivement dans votre eau, le secouez un peu, retirez le couvercle et le renversez sur une serviette ployée et posée sur une assiette ou un compotier; aussitôt que vous renversez votre fromage, vous tapez avec la paume de la main sur le fond du moule pour l'aider à descendre : il faut tenir le moule d'une main, un peu audessus de la serviette, et taper de l'autre main sur le fond; s'il ne tombait pas de suite, vous remettriez le couvercle et le tremperiez de nouveau dans l'eau tiéde, et vous passeriez la lame d'un couteau propre au travers votre fromage, et jusqu'au fond du moule pour donner de l'air, et vous le renversez sur la serviette et tapez un peu le fond du moule et il doit se démouler de suite : cette opération doit se faire le plus vivement possible.

Pour un fromage glacé à deux goûts, il faut, après que les compositions ont été glacées séparément, les mettre ensemble dans le même moule à fromage, et avoir soin d'en mettre également, en ne mettant de chaque espèce que peu à la fois, jusqu'à ce que votre moule soit plein. On vend avec les moules à fromages glacés, des cloisons en fer blanc qui entrent dans les moules et que l'on met au moment de mouler les les glaces : on emplit les deux cotés du moule et on enlève ensuite la cloison, en passant au moment ou on l'enlève la lame d'un couteau de chaque côté, pour que les glaces ne s'enlèvent pas avec. Vous sanglez votre fromage et le démoulez de même que s'il n'était qu'à un seul goût.

Quand vous voulez mouler des glaces pour soirée ou pour un bal, il faut vous procurer des moules à demi glaces, et quand vos compositions sont glacées vous emplissez les moules en vous servant de cuillères de bois et en ayant une dans chaque sarbotière ; vous commencez par emplir un côté du moule et ensuite l'autre, et, mettant dans chaque côté plus de glace qu'il n'en faut pour les emplir, vous fermez votre moule et faites tomber dans la sarbotière avec la cuillère la glace qui sort par la pression du moule. Les moules étant emplis de cette manière, on ne craint pas qu'il reste intérieurement de l'air ; si les moules n'étaient pas bien pleins l'eau salée s'introduirait de dans.

Avant de commencer à mouler, vous aurez pilé de la glace, à laquelle vous aurez mêlé du salpêtre, toujours dans les mêmes proportions; vous mettez dans un baquet ou dans un grand seau suivant la quantité de moules que vous avez à employer, un lit de cette glace d'environ quatre centimètres d'épaisseur, et, à mesure que vous emplissez un moule, vous le posez sur la glace; quand le lit de glace que vous avez mis dans le fond du baquet est couvert de moules (il ne faut pas mettre les moules les uns sur les autres), vous remettez un lit de glace dessus et vous continuez de même jusqu'à ce que toutes vos glaces soit moulées. Vous recouvrez les derniers moules avec de la glace et du salpêtre, vous faites même ce lit de glace plus épais que les autres.

Il faut autant que possible faire ranger les moules et mettre la glace dessus par une autre personne : d'abord pour ne pas vous retarder et ensuite crainte que vous ne mettiez du salpêtre à vos mains, ce qui vous ferait courir le risque de saler vos glaces.

Quand toutes vos glaces sont moulées et que vos moules sont rangés comme je viens de l'indiquer, il faut les laisser environ une heure et demie dans cette glace avant de les démouler. Quand on est pour les démouler, il faut sangler la cave en ferblanc qui doit les recevoir et dans laquelle elles doivent rester jusqu'au moment où l'on est pour les servir. Cette cave doit se sangler dans un baquet carré et destiné à cet usage ; ce baquet doit-être de quatorze à seize centimètres plus long et plus large que la cave en fer blanc ; ce qui donne un espace de sept à huit centimètres tout autour de la cave ; c'est dans cette distance que l'on doit mettre la glace qui doit sangler la cave et conserver les glaces fermes jusqu'au moment de les servir. Du reste cette cave se sangle de même qu'une sarbotière, il faut vous précautionner de petits papiers carrés et de la grandeur d'une carte à jouer, c'est sur ces petites feuilles de papier que vous devez poser vos glaces après qu'elles sont démoulées, il faut avoir dans une terrine de l'eau tiède pour tremper les moules avant de les ouvrir.

Il faut pour faire ce travail être au moins deux personnes : l'une pour sortir les moules de la glace et les tremper l'un après l'autre dans l'eau tiède (il ne faut sortir que quatre à cinq moules à la fois du baquet en se servant d'une pelle ; si on voulait les prendre avec les mains on courrait risque de s'estropier), l'autre pour ouvrir le moule tout aussitôt qu'il a été trempé dans l'eau, enlever la glace de dedans avec la pointe d'un petit couteau, et la poser sur une des petites feuilles de papier préparées pour cet usage.

Quand vous avez une vingtaine de glaces de démoulées vous ouvrez votre cave et les rangez dedans en les laissant sur les petits papiers : ces papiers empêchent que les glaces se touchent. Quand elles sont rangées, vous fermez votre cave et continuez à démouler; ainsi de suite jusqu'à ce que toutes vos glaces soient dans la cave.

Quand vous voyez, en démoulant vos glaces, que l'eau dans laquelle vous trempez vos moules commence à refroidir, vous y ajoutez un peu d'eau bouillante. Quand toutes les glaces sont rangées dans la cave, vous remettez le couvercle, et mettez de la glace dessus et vous les laissez ainsi jusqu'au moment de les servir ; quand vous êtes pour ouvrir votre cave, vous avez soin de retirer un peu de la glace qui est autour du couvercle et d'enlever le couvercle avec précaution pour que l'eau qui s'est formée dessus ne tombe pas sur vos glaces. Comme on ne sert pas toutes les glaces d'une seule fois, il faut aussitôt que vous en aurez servi une partie, égoutter l'eau qu'il doit y avoir sur le couvercle et fermer votre cave.

Faute de cave vous pouvez mettre vos glaces dans une grande sarbotière que vous aurez sanglée dans un seau ou même dans une grande marmite de cuisine nouvellement étamée et sanglée dans un grand seau d'écurie.

Quand on peut s'en dispenser, il faut autant que possible ne pas mouler les glaces. Quand on est en maison, il ne faut les mouler que quand les maîtres l'exigent, car les glaces étant moulées perdent de leur qualité. Si on mangeait une glace prise dans la sarbotière et posée sur une soucoupe et une autre de la même composition qui aurait été moulée, on ne voudrait pas croire qu'elles sont de la même sarbotière. Pour servir les glaces sans les mouler, il faut les prendre avec une cuiller à bouche dans la sarbotière et faire tomber chaque glace avec une autre cuiller dans les soucoupes préparées à l'avance sur un plateau.

Quand vous ne moulez pas, il faut avoir soin de resangler vos sarbotières, après que vous avez fini de faire congeler vos compositions, et dans le courant de la nuit, aussitôt que vous voyez que les glaces tendent à se ramollir, il faut tirer de l'eau et remettre de la glace.

Il est inutile de dire que chaque fois que l'on emploie de la glace, il y faut joindre du salpêtre, et toujours dans les mêmes proportions : la glace sans le salpêtre ne servirait à rien ; ce n'est qu'étant mélangée au salpêtre qu'elle peut faire opérer la congélation.

Il faut aussi avoir soin de ne jamais se servir, soit pour faire congeler les compositions ou pour sangler un fromage, une bombe ou des glaces moulées, d'un seau qui fuirait, car il ne faut jamais que l'eau puisse se perdre, si un seau fuyait les glaces ne prendraient pas, et si un baquet dans lequel on met des glaces moulées perdait son eau, les glaces se ramolliraient : si on lâche l'eau pour resangler une sarbotière c'est qu'elle n'est plus assez salée pour faire opérer la congélation.

CHAPITRE IV.

DU CHOIX DE LA CRÈME ET DES OEUFS.

La crême la meilleure à employer pour les glaces est celle que l'on trouve sur le lait dix à douze heures après que l'on a trait; la crême que l'on vend à Paris sous le nom de crême double est souvent falsifiée; il faut, si vous êtes à Paris, demander à votre crêmière de la crême à bouillir, et si vous êtes à la campagne il faut dire que l'on vous donne le matin le dessus du lait qui a été trait la veille au soir, en en prenant environ un quart de la terrine.

Quand on casse des œufs pour les employer aux compositions des glaces, il faut avoir soin de bien les flairer pour ne pas en employer qui pourraient avoir un mauvais goût, il faut autant que possible employer des œufs bien frais, si un œuf avait le moindre goût, la composition s'en sentirait, vu que les œufs ne cuisent pas longtemps.

CHAPITRE V.

DES COMPOSITIONS A LA CRÊME

Glaces à la vanille.

(*Un litre de crême, trois quarts de sucre, cinq jaunes d'œufs, un bâton de vanille*).

Mettez dans un poêlon un litre de crême et trois quart de sucre en pain, un bâton de vanille, et vous mettez votre poêlon sur le feu, pendant que la crême chauffe et par conséquent que le sucre fond, vous cassez cinq œufs et mettez les jaunes dans une terrine, quand votre crême bout, vous la versez sur vos jaunes en les fouettant en même temps avec un fouet en osier, ensuite vous remettez la composition dans le poêlon et le remettez sur le feu, vous remuez avec une spatule ou une cuillère de bois, jusqu'à ce que vous voyiez que la composition marque sur votre spatule, il faut faire bien attention de retirer la compotion à son point, car si elle restait sur le feu une fois qu'elle est prête de bouillir elle se décomposerait et deviendrait grumeleuse, ainsi donc, aussitôt que vous voyez en tirant votre spatule hors du poêlon, que la composition a l'air de vouloir s'épaissir, de suite vous enlevez le poêlon de dessus le feu et versez la composition dans une terrine en la faisant passer à travers un tamis de crin un peu serré ou un tamis de soie, vous essuyez avec un linge propre le bâton de vanille qui est resté dans le tamis, le remettez dans la composition et l'y laissez jusqu'au moment où vous la mettez dans la sarbotière.

Si vous voulez que vos glaces soient parsemées de petits grains noirs de la vanille, vous fendriez votre vanille en quatre en la mettant dans votre crême, et vous feriez passer votre composition, une fois qu'elle est cuite, à travers votre tamis en frottant avec la spatule pour que les grains de vanille passent avec.

Si malgré tous les soins que vous pourriez prendre, votre composition au moment où elle arrive au degré de sa cuisson venait à se décomposer (ce que l'on appelle caillebotter), il faudrait vite l'enlever de dessus le feu et la fouetter avec un fouet en osier pendant environ cinq minutes et ensuite la forcer à passer à travers un tamis de soie en frottant légèrement avec la spatule, il faut prendre les même soins pour toutes les glaces à la crême, si on craignait de ne pas pouvoir connaître au juste le point de la cuisson des compositions, voici ce qu'il faudrait faire : quand vous avez versé votre crême bouillante sur vos jaunes que vous les fouettez, il faut remettre la composition sur le feu et la fouetter pendant cinq minutes, toujours en la laissant sur le feu, et ensuite vous la versez sur votre tamis, la composition étant fouettée au moment où elle arrive à sa cuisson est moins sujette à caille-botter.

Quand les compositions à la crème sont faites et versées dans une terrine, il faut avoir soin de leur donner un coup avec la spatule de temps en temps pour qu'elles refroidissent également.

Glaces au café.

(Un litre de crème, trois quart sucre, cinq jaunes d'œufs, un quart de café en grain).

Vous mettez dans un poêlon un litre de crème et trois quarts de sucre en pain, et vous mettez le poêlon sur le feu; quand la crème bout vous la versez sur un quart de café en grain nouvellement brûlé, et que vous aurez mis d'avance dans un bain-marie ou tout autre vase qui puisse se couvrir, et vous laissez votre café s'infuser environ une demi-heure, au bout de ce temps vous faites rebouillir votre crème en laissant le café dedans, quand elle bout vous la versez sur cinq jaunes d'œufs que vous aurez apprêtés dans une terrine. Vous aurez soin de fouetter vos jaunes en versant votre crème bouillante dessus, ensuite vous reversez la composition dans le poêlon et le mettez sur le feu en ayant soin de toujours remuer la composition jusqu'à ce qu'elle commence à marquer à la spatule, alors vous la versez dans une terrine en la faisant passer à travers un tamis de crin pour que les grains de café restent dans le tamis. Vous laissez refroidir la composition en ayant soin de la remuer de temps en temps avec la spatule.

Glaces aux pistaches.

(*Un litre de crême, trois quarts de sucre, cinq jaunes d'œufs, un quart de pistaches, une poignée épinards*).

Vous prenez un quart de pistaches que vous goûtez, pour vous assurer qu'elles ne sentent pas le rance, ensuite vous les mondez pour enlever la peau, et les pilez dans un mortier de marbre, en ayant soin de les mouiller de temps en temps avec un peu de crême pour les empêcher de tourner à l'huile; quand elles sont pilées vous les mettez dans un poêlon et les délayez avec un litre de crême auquel vous joignez trois quarts de sucre en pain, et vous mettez votre poêlon sur le feu et laissez bouillir votre crême, pendant qu'elle chauffe vous cassez cinq œufs et mettez les jaunes dans une terrine, quand la crême bout vous la versez sur vos jaunes en les fouettant avec un fouet en osier, ensuite vous reversez la composition dans votre poêlon et vous le remettez sur le feu en remuant toujours la composition avec la spatule jusqu'à ce qu'elle marque après, alors vous l'enlevez de dessus le feu, la passez à travers une étamine ou un tamis de soie que vous aurez posé au-dessus d'une terrine, vous la laissez refroidir en la remuant de temps en temps avec la spatule, quand votre composition est froide, et avant de la mettre dans la sarbotière vous la colorez avec du vert d'épinards préparé pour cet usage.

Vert d'épinards.

Pour faire du vert pour colorer la composition aux pistaches, il faut prendre une bonne poignée d'épinards, les éplucher et les laver ; après qu'ils sont lavés il faut les presser dans les mains pour en faire sortir l'eau; ensuite les mettez dans un mortier et les pilez, après qu'ils sont bien pilés, il faut les presser avec force dans un torchon propre, pour en extraire le jus, il faut mettre ce jus dans une casserole que vous posez ensuite sur un bon feu, et quand le jus est près de bouillir vous le voyez se décomposer, alors vous le versez tout doucement sur un petit tamis de soie, le vert de l'épinard reste sur le tamis et l'eau passe au travers ; vous le laissez égoutter un instant, vous mettez le tamis au-dessus d'une assiette creuse, et vous forcez le vert qui est resté sur le tamis à passer au travers, en frottant légèrement avec une petite spatule ou une cuillère en argent, quand ce vert est passé vous vous en servez pour colorer votre composition aux pistaches, en ayant soin de bien le mélanger avec la composition, il faut pour cela commencer par mettre une cuilerée de composition dans l'assiette où est le vert d'épinard, remuez le tout ensemble et ajoutez de la composition jusqu'à ce que le vert soit bien liquide et versez ensuite le vert dans votre composition en la remuant avec la spatule, quand on ne fait qu'un litre de composition, une poignée d'épinards suffit pour la colorer, mais si on augmente la dose de la composition il faut aussi augmenter celle des épinards.

Glaces au chocolat.

Un litre de crême, une demi-livre de sucre, une demi-livre de chocolat et quatre jaunes d'œufs.

Vous prenez un litre de crême que vous mettez dans un poêlon et sur le feu, en y joignant une demi-livre de sucre en pain ; pendant qu'elle chauffe, vous faites ramollir une demi-livre de bon chocolat à la vanille. Quand votre chocolat est mou, vous le mettez dans un poêlon ou une casserole propre que vous tenez sur un peu de cendres chaudes, et vous le travaillez avec une spatule ou une cuillère de bois, en y joignant un demi-verre d'eau bouillante en plusieurs fois, et toujours en le travaillant, de manière à ce qu'il ne forme pas de grumeaux, et vous continuerez à le délayer en mêlant avec environ le tiers de votre litre de crême; une fois qu'elle bout, vous versez les deux autres tiers de votre crême bouillante sur quatre jaunes d'œufs que vous aurez préparés dans une terrine; vous fouettez vos jaunes de même que pour les autres compositions, et vous la faites cuire de même; quand votre composition marque sur la spatule, vous la retirez de dessus le feu et la versez dans votre chocolat en fouettant cette composition à mesure que vous la mélangez, et ensuite vous passez le tout à travers un tamis de crin, et la laissez refroidir, en ayant soin de le remuer de temps en temps.

Glaces appelées crême plombière.

(Un litre de crême, trois quarts de sucre, cinq jaunes d'œufs, six onces d'amande, 1 fr. de crême fouettées.)

Vous prenez cinq onces amandes douces et une once amandes amères, vous les mondez et les pilez, en les mouillant avec une goutte d'eau pour les empêcher de tourner à l'huile; quand elles sont bien pilées, vous les mettez dans un poêlon et les délayez avec un litre de crême, auquel vous ajoutez trois quarts de sucre en pain et vous posez le poêlon sur le feu; vous remuez avec la spatule pour que les amandes ne s'attachent pas au fond du poêlon. Quand la crême bout, vous la versez sur un tamis de soie que vous aurez posé sur une terrine (par ce moyen, les amandes resteront dans le tamis), vous versez ensuite votre crême sur cinq jaunes d'œufs que vous aurez préparés dans une terrine, en ayant soin de les fouetter à mesure que vous versez votre crême dessus, vous passez de l'eau dans votre poêlon pour enlever les morceaux d'amandes qui se seraient attachés aux parois, vous l'essuyez, remettez votre composition dedans et la mettez sur le feu en la remuant toujours, jusqu'à ce que la composition commence à marquer après la spatule, alors vous l'enlevez de dessus le feu et la passez à travers un tamis de crin, la laissez refroidir en la remuant de temps en temps. Cette composition se fait congeler comme les autres compositions de crême; quand elle est congelée, vous y joignez pour un franc de crême fouettée (à Paris, ce que l'on vend pour un franc en crême fouettée équivaut à plein une assiette creuse un peu comble). Il faut bien travailler cette composition au moment où on introduit dedans la crême fouettée; ordinairement on met dans une plombière un mélange de fruits confits, tels que un abricot, une prune de Reine-Claude, un morceau de cédrat, une poire et quelques cerises ; il faut couper ses fruits en petits dés et les laisser infuser pendant plusieurs heures dans un demi verre de kirsch ou de marasquin; les fruits étant imbibés d'un spiritueux ne se congèlent pas et sont toujours tendres, au lieu que si on les mettait sans cela dans la plombière, ils se congèleraient, deviendraient très durs et ne seraient plus mangeables. Il faut mettre les fruits et la liqueur dans laquelle ils ont trempé avant de mêler la crême fouettée, mais toujours quand la composition est congelée.

Ces glaces se servent à l'entremets, souvent on les sert en rocher, les couronnant avec de la marmelade d'abricots; elles peuvent aussi servir à garnir des meringues que l'on sert de même à l'entremets, sous le nom de meringues glacées.

CHAPITRE VI.

DES GLACES AUX FRUITS.

Pour toutes les compositions de glaces aux fruits, il faut se servir du pèse-sirop pour être assuré de toujours les sucrer également, et il faut se fixer à 22 degrés pour obtenir des glaces bien moelleuses. Si après avoir suivi les proportions indiquées à chaque fruit, les compositions ne se trouvaient pas peser juste vingt-deux degrés (ce qui proviendrait de ce que le sirop employé n'aurait pas le degré voulu, ou que les fruits seraient plus ou moins gros), il faudrait les y mettre en, ajoutant du sirop si elle pesait moins de vingt-deux degrés, et si elle pesait plus de vingt-deux degrés, il faudrait ajouter un peu d'eau ou du jus du fruit employé pour cette composition.

Si dans l'été on préparait ses compositions le matin, et que l'on ne soit pour les faire congeler que le soir, il faudrait les tenir tout le jour à la cave ou dans un endroit frais, de crainte que la fermentation ne les atteigne.

Il faut, quand on est pour faire des compositions de glaces aux fruits, des sorbets ou des rafraîchissements, avoir toujours soin de préparer d'avance du sirop de sucre, pour qu'il soit froid au moment où vous faites vos compositions; il suffit pour cela de clarifier du sucre en pain, tel qu'il est marqué à la clarification du sucre (voyez *clarification du sucre*, p. 2). Le sucre ainsi préparé se nomme sirop de sucre, et doit porter étant chaud de trente-un à trente-deux degrés, ce qui le met étant froid de trente-six à trente-sept degrés; il ne faut jamais employer de sirop chaud pour préparer les compositions aux fruits, si on n'avait pas le temps de clarifier du sucre et de le laisser refroidir, il faudrait tout uniment faire fondre son sucre dans de l'eau froide et le passer dans un tamis de soie une fois fondu, et avant de l'employer; le sirop étant employé chaud ferait tort à la fraîcheur du parfum des fruits.

Glaces aux groseilles framboisées.

Si vous êtes dans la saison des groseilles, vous en prenez une livre un quart et une demi-livre de framboises, vous pressez ces fruits à travers un tamis de crin pour en extraire le jus. Cette quantité de fruits doit vous fournir environ un demi-litre de jus ; vous mettez le jus avec un demi-litre de sirop de sucre, vous remuez le tout ensemble, jus et sirop, pour le bien mélanger, en vous servant pour cela d'une cuillère de bois, ensuite vous pesez ce mélange au pèse-sirop, il doit vous donner vingt-deux degrés ; s'il pesait plus, vous ajouteriez un peu d'eau pour faire descendre à ce degré, et s'il pesait moins, vous ajouteriez du sirop de sucre pour le faire monter à vingt-deux degrés.

Si les groseilles étaient bien mûres, vous pourriez mettre dans votre composition le jus d'un citron ; quand la composition est ainsi préparée, vous la faites passer à travers un tamis de crin et pouvez la faire congeler. Dans toutes les autres saisons, il faudrait prendre pour faire la composition un demi-litre de jus de groseilles trouble préparé pour les glaces (voyez *conserve de groseilles trouble*), suivre les mêmes proportions et l'apprêter positivement de même qu'en employant du jus de groseilles au naturel, y ajouter le jus d'un citron et mettre la composition à vingt-deux degrés.

Glaces aux framboises.

Dans la saison des framboises, vous prenez une demi-livre de groseilles rouges et une livre et demie de framboises fraîchement cueillies, vous ôtez les queues aux framboises et pressez ces fruits sur un tamis de crin pour en extraire le jus; vous mesurez ce jus et le mêlez avec la même quantité de sirop de sucre. Quand vous l'avez bien mélangé, vous pesez cette composition et la fixez à vingt-deux degrés, ensuite vous la faites passer à travers un tamis de crin un peu serré et vous pouvez la faire congeler.

Dans toute autre saison, vous prenez du jus de framboises préparé pour glaces, l'employez dans les mêmes proportions et opérez de la même manière.

Glaces aux fraises.

Vous prenez un litre et demi de fraises bien mûres, vous enlevez les queues, et vous avez soin de jeter les fraises qui commenceraient à se gâter pour qu'elles ne donnent pas mauvais goût à votre composition, ensuite vous faites passer vos fraises à travers un tamis de crin que vous aurez posé sur une terrine; vous écrasez vos fraises pour les faire passer à travers le tamis, en vous servant d'une spatule ou d'une cuillère de bois; quand toute la partie charnue de la fraise est passée, vous mouillez ce qui reste de vos fraises sur le tamis et vous faites passer de nouveau, ensuite vous enlevez le tamis et faites tomber dans votre terrine, en grattant avec votre cuillère la purée de fruits qui se trouve attachée au-dessous du tamis, ensuite vous ajoutez à votre purée de fraises du sirop de sucre jusqu'à ce que votre composition pèse vingt-deux degrés, en ayant soin de bien la remuer avec votre spatule avant de la peser, pour que le sirop soit bien mélangé avec le fruit. Quand vous aurez obtenu vingt-deux degrés, vous passez la composition dans une étamine propre pour que les graines de la fraise reste dans l'étamine; quand la composition est ainsi préparée, vous pouvez la mettre dans la sarbotière et faire congeler; dans l'été, attendu que les fraises sont moins acides que dans toute autre saison; on peut, en préparant la composition, ajouter le jus d'un citron.

Glaces aux cerises.

Vous prenez deux livres de cerises bien mûres; après leur avoir enlevé les queues, vous les mettez dans un mortier de marbre bien propre et vous pilez vos cerises pour concasser les noyaux, ensuite vous les mettez dans un poêlon en les sucrant avec trois quarts de livre de sucre en pain, et vous mettez le poêlon sur le feu pour faire fondre votre sucre; quand le sucre est fondu et que vous voyez que le jus va bouillir, vous enlevez le poêlon de dessus le feu et vous versez vos cerises dans une terrine pour ne pas les laisser refroidir dans le cuivre, vous couvrez votre terrine et laissez refroidir votre préparation; quand elle est froide, vous la versez sur un tamis de crin que vous aurez placé sur une terrine pour recevoir le jus de vos cerises, vous appuyez dessus avec une spatule pour qu'elles s'égouttent bien, vous ajoutez à cette composition le jus d'un citron et vous la mettez à vingt-deux degrés, vous le passez de nouveau au tamis et pouvez faire congeler.

Vous pouvez faire des glaces aux cerises en prenant des cerises conservées pour cet usage (voyez *conserve de cerises pour glaces et sorbets,* p. 210), vous opérez dans les mêmes proportions et mettez votre composition de même à vingt-deux degrés.

Glaces aux abricots.

Vous prenez douze abricots bien mûrs (les abricots de plein vent sont ceux auxquels il faut donner la préférence), vous les fendez pour leur ôter les noyaux et vous les mettez dans un mortier de marbre bien propre et les pilez, les mettez ensuite dans une terrine ; si vous n'aviez pas de mortier, vous les écraseriez dans une terrine en vous servant d'une cuillère de bois ; vous les délayez avec un verre d'eau et y joignez un demi-litre de sirop de sucre et le jus de deux citrons, vous mélangez le tout ensemble et versez le mélange dans un tamis de crin que vous aurez posé sur une terrine, vous frottez avec une cuillère de bois pour faire passer la partie charnue de l'abricot ; il ne doit rester dans le tamis que les peaux, ensuite vous enlevez le tamis et faites tomber dans la terrine la purée d'abricots qui était restée attachée au-dessous du tamis, vous mettez votre composition à vingt-deux degrés et vous pouvez faire congeler.

Si vous voulez que vos glaces aient le goût d'amande, vous cassez les noyaux de vos abricots et vous mettez les amandes dans le mortier pour les piler en même temps que vos abricots, et ne changez rien pour le reste de la préparation.

Dans les autres saisons, vous prenez pour faire votre composition de glace à l'abricot de la purée d'abricots préparée et conservée pour cet usage (voyez *purée d'abricots conservée pour glaces*, p. 211) ; faute de purée, vous pouvez prendre des abricots conservés en quartiers, en les passant à travers un tamis de crin, et mettez de même votre composition à vingt-deux degrés, après avoir ajouté le jus de deux citrons pour environ un litre de composition.

Glaces aux pêches.

Vous prenez dix pêches bien mûres, il ne faut pas qu'elles soient passées, car quand un fruit est passé il n'a plus de goût ; vous coupez vos pêches par petits morceaux en les mettant à mesure dans un vase que l'on puisse couvrir, vous mettez les noyaux avec et vous versez dessus un demi-litre de sirop de sucre, vous les couvrez et les laisser infusez au moins trois à quatre heures, ensuite vous versez cette préparation dans un tamis de crin que vous aurez posé sur une terrine, retirez les noyaux et ajoutez le jus d'un citron, faites passer à travers le tamis, en frottant avec une cuillère de bois pour faire passer la chair de la pêche. Quand il ne reste plus que les peaux, vous enlevez le tamis et faites tomber dans la terrine ce qui est attaché au-dessous du tamis, mettez cette composition à vingt-deux degrés et vous pouvez faire congeler.

Dans les saisons où il n'y a pas de pêches, vous prenez une bouteille de pêches conservées pour compote, vous la faites passer à travers un tamis de crin; après avoir ajouté le jus d'un citron, vous mettez votre composition à vingt-deux degrés, en ajoutant du sirop de sucre et de l'eau pour faire environ un litre de composition, et vous pouvez faire congeler.

Glaces aux poires.

Vous prenez six poires de beurrée, les coupez en quatre et enlevez les pépins, les trognons et la racine de la queue, ensuite vous les pilez dans un mortier et les faites passer à travers un tamis de crin, ajoutez le jus de deux citrons et un demi-litre de sirop de sucre, et vous mettez le tout ensemble; vous mettez ensuite votre composition à vingt-deux degrés et vous pouvez faire congeler.

Glaces à l'ananas.

Après avoir coupé la queue bien rase à votre ana

nas et avoir retiré la couronne, vous le mettez dans un mortier et le pilez le plus possible ; quand il est bien pilé, vous le mettez dans un vase qui puisse se couvrir et vous versez dessus un demi-litre de sirop de sucre froid ; vous couvrez votre ananas et le laissez s'infuser avec le sucre environ quatre ou cinq heures ; au bout de ce temps, vous le faites passer à travers un tamis de crin, en frottant avec une cuillère de bois pour faire passer le plus de chair possible ; quand vous voyez qu'il ne passe plus rien, vous remettez ce qui reste de votre ananas dans le mortier, le pilez de nouveau, délayez ce que vous venez de piler avec un verre d'eau et faites passer au tamis ; quand il ne reste plus que les parties dures, vous enlevez votre tamis et mélangez votre composition en y joignant le jus de trois citrons, ensuite vous ajoutez de l'eau et du sirop, mettez cette composition à vingt-deux degrés et vous pouvez faire congeler.

Je ne désigne pas la quantité de sirop et d'eau qu'il faut ajouter pour finir la composition, vu que les ananas ne sont pas toujours de même grosseur. Avec un ananas un peu fort, on peut faire trois litres de composition ; avec un petit, on peut faire deux litres, et toujours à vingt-deux degrés. Il faut mettre le jus de trois citrons pour trois litres de composition, et le jus de deux pour deux litres.

Il ne faut pas peler l'ananas avant de le piler, vu que la peau porte avec elle beaucoup de parfum, vous pouvez faire des glaces avec de l'ananas conservé, en opérant de la même manière que ci-dessus, si ce n'est qu'il n'y a pas besoin de faire infuser l'ananas; vous débouchez votre bouteille, la versez sur un tamis de crin, laissez égoutter le sirop et pilez ensuite votre ananas; une fois pilé, vous le faites passer à travers le tamis, et vous ajoutez le jus de deux citrons, mettez cette composition à vingt-deux degrés; vous vous réglez, pour la quantité de composition, sur les doses marquées plus haut, et vous pouvez faire congeler.

Glaces à l'orange.

Vous prenez quatre oranges, vous en zestez deux en faisant tomber les zestes à mesure que vous les enlevez de dessus vos oranges dans une petite terrine où vous aurez mis un demi-litre de sirop de sucre froid, quand vos deux oranges sont zestées, ce que vous aurez fait en ayant soin de n'enlever que la fine peau jaune et superficielle de l'orange; si par un coup de couteau mal donné, vous veniez à enlever avec le zeste un peu de blanc de la peau, vous jetteriez ce morceau de zeste vu que le blanc donne un goût âcre. Vous remuez avec la pointe de votre petit couteau les zestes pour qu'ils trempent dans le sirop, couvrez votre terrine et laissez infuser cinq à six heures ; vous pouvez même zester vos oranges le soir pour faire votre composition le lendemain matin. Quand vos zestes sont infusés, vous pressez dessus et dans la même terrine les jus de vos 4 oranges et ceux de deux citrons si les oranges sont nouvelles et de quatre citrons si les oranges commencent à se passer, vu que le jus des oranges est plus acide quand elles sont nouvelles que quand elles sont bien mûres. Ajoutez ensuite de l'eau pour que votre composition pèse vingt-deux degrés. Quand elle est fixée à ce degré, vous la faites passer à travers un tamis de soie et faites congeler.

Glaces au citron.

Vous prenez 4 citrons, vous en zestez trois dans un demi-litre de sirop de même que pour les glaces à l'orange et les laissez s'infuser de même ; ensuite vous pressez vos 4 citrons sur vos zestes et ajoutez de l'eau pour mettre cette composition à vingt-deux degrés, vous la passez à travers un tamis de soie et pouvez faire congeler ; il faut toujours autant que possible faire infuser les zestes d'orange ou de citron d'avance, mais si on n'avait pas le temps de les laisser infuser plus d'un quart-heure, il faudrait mettre le zeste des quatre oranges pour les glaces à l'orange ou celui des 4 citrons pour les glaces au citron.

CHAPITRE VII.

PUNCH ET SORBETS.

Punch à la romaine.

Quand vous avez apprêté un litre de composition de glaces au citron, préparé comme je viens de l'indiquer à l'article des glaces au citron, vous mettez dans un petit poêlon et sur le feu un cinquième de litre de sirop de sucre et vous le laissez cuire jusqu'au fort boulet, vous le retirez de dessus le feu quand il a atteint cette cuite et vous versez dedans deux cuillerées à bouche de rhum en secouant votre poêlon pour que le rhum se mêle avec le sucre, vous laissez votre poêlon sur le coin du fourneau pour que le sucre se tienne chaud sans bouillir, ou vous le mettez au bain-marie, vous cassez trois œufs, mettez les blancs dans un bassin et les fouettez en neige, quand ils sont bien fermes, vous priez quelqu'un de vouloir bien verser le sucre tout doucement sur vos blancs et vous remuez avec votre fouet pour mélanger le sucre avec les blancs ; quand tout le sucre est versé, vous retirez votre fouet et mettez votre pâte dans une petite terrine pour qu'elle refroidisse. Pendant le temps qu'elle refroidit, vous faites congeler la composition de glaces au citron que vous avez préparée, vous la faites congeler dans une sarbotière un peu grande et en la travaillant le plus possible avec votre houlette ; quand elle est bien ferme, vous y joignez un huitième de litre de bon rhum et toujours en travaillant votre composition. Quand le rhum est bien mêlé, vous mettez votre pâte dans la sarbotière et travaillez votre punch encore deux ou trois minutes et vous pouvez le servir. Si vous n'êtes pas pour le servir de suite, vous égouttez l'eau de votre seau et resanglez votre sarbotière pour que votre punch se tienne ferme jusqu'au moment de le servir et et vous le travaillez encore un peu avant de le dresser dans vos verres ; faute de verres à punch, vous le servirez dans des verres à vin de Bordeaux.

Sorbets au rhum ou Punch glacé.

Vous préparez et faites congeler un litre de composition de glaces au citron, quand vos glaces sont bien fermes, vous y ajoutez un huitième de litre de bon rhum ; en versant votre rhum dans votre sarbotière, vous travaillez votre composition avec votre houlette, le spiritueux du rhum ramollira votre composition et la mettra à la consistance de sorbet. Si vous n'étiez pas pour servir vos sorbets de suite, vous auriez soin de resangler votre sarbotière.

Sorbets au vin de Champagne.

Vous prenez six citrons, vous en zestez trois dans une terrine où vous aurez mis un demi-litre de sirop de sucre froid, vous couvrez votre terrine et laissez vos zestes s'infuser au moins cinq à six heures; ensuite vous pressez vos citrons dans la même terrine et sur les zestes vous ajoutez à cette préparation du vin de Champagne en place d'eau ; pour mettre votre composition à vingt-deux degrés, vous faites passer au tamis de soie et pouvez faire congeler ; quand votre composition est bien ferme, vous versez dans votre sarbotière un grand verre, ou pour mieux dire un huitième de litre de vin de Champagne ; en travaillant votre composition, le vin de Champagne que vous versez la met à la consistance de sorbet, si vous resanglez votre sarbotière, vous mettrez moitié moins de salpêtre que pour les proportions indiquées, c'est-à-dire que, au lieu de mettre une livre de salpêtre pour quatre livres de glaces, vous n'en mettriez qu'une demi-livre pour quatre livres. Je fais mettre pour ce sorbet moins de salpêtre pour le conserver une fois préparé, vu que le vin de Champagne n'empêcherait pas la composition de se durcir, il faut même avoir soin, si on ne sert pas de suite, de regarder de temps en temps dans la sarbotière pour s'assurer que les sorbets ne sont pas trop congelés, ce qu'il faudrait empêcher en tirant l'eau du seau et ne remettant que de la glace et pas de salpêtre.

Sorbets à la cerise.

Vous préparez un litre de composition de glaces aux cerises (voyez *Glaces aux cerises*) tel qu'il est indiqué au chapitre des glaces, seulement vous ne mettez votre composition qu'à vingt degrés, au lieu de vingt-deux qu'il est marqué. Quand votre composition est préparée, vous la faites congeler et une fois congelée, vous y joignez un huitième de litre de kirsch, ce qui mettra votre composition en sorbet; si vous ne les servez pas de suite, vous resanglez votre sarbotière.

Sorbets à la fraise.

Vous préparez un litre de composition de glaces aux fraises tel qu'il est indiqué au chapitre des glaces (voyez *Glaces aux fraises*), seulement vous ne mettez votre composition qu'à vingt degrés au lieu de vingt-deux qu'il est marqué pour les glaces; quand cette composition est préparée, vous la faites congeler, une fois bien ferme, vous y ajoutez un huitième de litre de vin de Champagne, ce qui ramollira votre composition. Si vous ne les servez pas de suite, vous resanglerez votre sarbotière en ne mettant que peu de salpêtre et en prenant les mêmes précautions que pour les sorbets au vin de Champagne.

Sorbets à l'ananas.

Vous préparez un litre de composition de glaces à l'ananas (voyez *Glaces à l'ananas*), vous mettez cette composition à 20 degrés et vous la faites congeler. ajoutez ensuite un huitième de litre de vin de Champagne, ce qui ramollira votre composition; si vous ne servez pas vos sorbets de suite vous les resanglez en ne mettant que très peu de salpêtre et prenant les mêmes précautions que pour les sorbets au vin de Champagne pour qu'ils ne deviennent pas trop fermes.

Café glacé.

Vous mettez dans une cafetière à filtre cent vingt-cinq grammes de café en poudre, et vous versez sur votre café environ un bon quart de litre d'eau bouillante pour obtenir du café à l'eau très fort. Quand votre café est passé, vous mettez dans un poêlon et sur le feu un litre de bonne crême et vous la sucrez avec une demi-livre de sucre en pain. Quand votre crême bout, vous versez votre café dedans, ce qui doit vous donner du bon café à la crême fort sucré. Toutes les compositions qui sont glacées demandent à être plus sucrées que si on les prenait naturellement. Quand votre café est ainsi préparé, vous le versez dans une terrine ou tout autre vase pour ne pas le laisser refroidir dans le cuivre. Quand il est froid, vous sanglez une sarbotière en mettant un tiers de moins de salpêtre que pour les glaces. Quand votre sarbotière est sanglée, vous enlevez le couvercle, essuyez la sarbotière en dedans, et y versez votre café. Vous remettez le couvercle de votre sarbotière et la laissez sans la faire tourner. Au bout d'une demi-heure, vous débouchez votre sarbotière, et vous passez votre houlette tout le long des parois pour détacher le café qui sera attaché après. Vous remettez le couvercle et laissez votre café sans y toucher jusqu'au moment de le servir. Quand vous êtes pour le servir, vous détachez de nouveau ce qui sera attaché aux parois de la sarbotière, remuez un peu le tout avec votre houlette pour mélanger votre café, et vous le servez dans des verres ou dans des tasses à thé. Il faut servir le café glacé plus liquide que les autres sorbets. Si vous voyiez qu'il devienne trop ferme, vous lâcheriez l'eau de votre seau et vous ne remettriez autour de la sarbotière que de la glace et pas de salpêtre.

Si vous vous aperceviez qu'il est trop ferme au moment de le servir, vous retireriez la sarbotière de la glace et vous la mettriez dans un seau d'eau, ce qui ferait ramollir votre café.

Macédoine de fruits glacés au vin de Champagne.

Vous épluchez et coupez par tranches plusieurs espèces de fruits. Quand vos fruits sont préparés, vous les pesez et pour une livre de fruits, vous mettez trois quarts de sucre en grains et une bouteille de vin de Champagne.

Voici la manière de faire la préparation.

Vous prenez une orange, vous enlevez la peau au vif, ensuite vous coupez vos morceaux d'orange en donnant un coup de couteau de chaque côté au petit quartier d'orange pour les avoir de la forme des quartiers au caramel, moins la peau qui soutient la chair de l'orange. Vous enlevez les pépins de vos oranges, et vous mettez vos petits quartiers dans une terrine pour ne pas perdre leur jus, ensuite vous prenez deux ou trois abricots que vous pelez et auxquels vous ôtez les noyaux, les coupez en petites tranches en les mettant dans la terrine. Vous prenez une pêche à laquelle vous en faites autant, une grappe de raisin que vous égrainez et dont vous fendez les grains pour enlever les pépins, une poignée de fraises que vous épluchez pour ne mettre que celles qui sont bien propres, et après leur avoir ôté les queues, une poire bien mûre que vous pelez, coupez en quartiers, enlevez le trognon et les pépins, et coupez par petites tranches.

Vous mélangez tous ces fruits ensemble, ensuite vous les mettez dans une terrine en mettant un lit de fruits et un lit de sucre en grains jusqu'à ce que tous vos fruits et vos trois quarts de sucre en grains soient dans la terrine. Alors vous versez sur vos fruits et dans la même terrine une bouteille de vin de Champagne. Vous couvrez votre terrine et laissez ce mélange s'infuser quatre à cinq heures. Au bout de ce temps vous sanglez une sarbotière de même que pour faire congeler les glaces, vous l'essuyez intérieurement et versez votre macédoine dedans au moins deux heures avant de la servir. Toutes les demi-heures vous passez légèrement votre houlette le long des parois de la sarbotière pour en détacher les fruits qui s'y sont attachés.

Vous servez le sorbet dans des verres à vin de Bordeaux. Il doit être un peu liquide. Si vous voyiez au bout d'une heure qu'il est dans la sarbotière, qu'il s'épaississe un peu trop, vous tireriez l'eau et mettriez de la glace sans salpêtre. Ce sorbet est très riche et très bon, on le sert de préférence en automne, vu que les fruits sont plus abondants que dans toutes les autres saisons.

Si on voulait en hiver servir une macédoine de fruits, il faudrait mettre oranges, ananas, raisin, poires au naturel, pommes que l'on aurait passées au sirop de même que pour compote pêche, abricots et cerises conservées, en les employant dans les mêmes proportions que dans la saison de ces fruits.

CHAPITRE VIII.

DES BOMBES ET BISCUITS GLACÉS.

Préparation pour une bombe à la vanille.

(Un quart de litre de crême, six onces de sucre, trois jaunes d'œufs, un bâton de vanille).

Vous prenez un quart de litre de crême que vous mettez dans un poêlon avec six onces de sucre et un bâton de vanille que vous fendez en quatre, ensuite vous mettez votre poêlon sur le feu, et pendant que la crême chauffe vous cassez trois œufs et mettez les jaunes dans une terrine ; quand votre crême bout vous la versez sur vos jaunes en les fouettant avec un fouet en osier au moment où vous versez la crême bouillante dessus, ensuite vous remettez le tout dans votre poêlon et sur le feu en remuant la préparation jusqu'à ce qu'elle marque après la spatule, alors vous l'enlevez de dessus le feu et la faites passer à travers un tamis de crin en frottant un peu avec votre spatule pour faire passer les grains de vanille. Il faut pour cette préparation prendre les mêmes soins que pour la composition des glaces à la vanille, et la fouetter de même, si elle venait à caillebotter; quand elle est préparée vous la laissez refroidir en la remuant de temps en temps avec votre spatule; quand votre composition est froide et que vous êtes pour la mettre dans le moule à bombe, vous mettez ce moule dans un seau et le sanglez de même que l'on sangle une sarbotière quand on fait congeler une composition de glace, en mettant seulement un peu plus de salpêtre en sanglant votre moule à bombes. Quand votre moule est sanglé vous mettez dans une terrine pour 1 fr. 25 cent. de crême fouettée (ce qui équivaut à une assiette creuse toute pleine), vous fouettez votre crême avec un fouet en osier, et versez votre préparation dessus en continuant de remuer avec le fouet jusqu'à ce que la crême et la préparation soient bien mélangées, ensuite vous enlevez le couvercle de votre moule à bombes en évitant de faire tomber dans le moule de la glace ou du salpêtre, vous l'essuyez intérieurement et vous versez votre composition dedans ; quand votre moule est bien plein vous remettez le couvercle et mettez dessus de la glace et du salpêtre, vous foulez votre glace pour que le moule soit bien sanglé, il faut que le seau dans lequel vous sanglé votre moule soit au moins de dix centimètres plus profond que le moule n'est haut, au bout de deux heures que votre bombe est sanglée vous pouvez la servir en la démoulant et la servant de même que les fromages glacés.

Si vous attendiez plus longtemps avant de la servir et que vous voyiez qu'une partie de la glace soit fondue, il faudrait égoutter l'eau de votre seau et remettre de la glace et du salpètre, sans cela votre bombe courrait le risque de se ramollir.

Si vous voulez mettre ce que l'on appelle une chemise à votre bombe vous préparez et faites congeler un demi-litre de composition de glace à la groseille, à la fraise ou à tout autre fruit, ou même au chocolat (voyez au chapitre des GLACES). Quand votre composition des glaces est congelée et que votre moule est sanglé vous garnissez les parois de de votre moule avec la composition que vous venez de faire congeler pour cet usage, vous en garnissez d'un centimètre et demi à deux centimètres d'épaisseur, le fond et les parois, vous étendez ces glaces également et de manière à ce que la chemise soit partout de même épaisseur, vous vous servez pour faire ce travail de votre houlette ou d'une petite spatule en bois ou en cuivre étamé, ensuite vous versez dans le milieu de votre moule votre composition de bombes, vous remettez le couvercle sur votre moule, vous le couvrez bien de glace et de salpètre, quand votre bombe est bien sanglée vous la laissez comme il est marqué plus haut, deux heures dans le moule avant de la servir et en ayant soin de tirer l'eau et remettre de la glace et du salpètre ; si on attendait plus longtemps, principalement quand il fait chaud. Il faut, autant que possible, que la couleur de la chemise tranche avec celle de la bombe, telle qu'une chemise en glace aux fraises ou aux groseilles, pour une bombe à la vanille ou au café. Une chemise en glace au chocolat s'accorde bien pour le goût avec une bombe à la vanille.

Préparation pour une bombe au café.

Pour une bombe au café la préparation est la même que pour les bombes à la vanille, seulement au lieu de mettre un bâton de vanille dans votre crême au moment où vous la mettez sur le feu, vous mettez du café moka ou bourbon nouvellement brûlé (si vous pesez le café étant vert et le faisant brûler après, vous en mettriez un quart de livre, et trois onces si vous le pesez étant brulé), tout le reste ne change en rien, tant pour les doses de la composition que pour la préparation.

Biscuits glacés.

La composition pour les biscuits glacés est la même que pour les bombes, vous la préparez de même, soit qu'elle soit à la vanille ou au café; quand elle est préparée vous la couchez en forme de meringues dans des petites caisses en papier préparée à l'avance et que vous posez à mesure que vous les emplissez de composition dans une cave en ferblanc que vous vous aurez sanglée toute prête pour les recevoir. Cette cave doit se sangler de même que celle qui reçoit les demi glaces quand on les démoule (voyez MOULAGE DES GLACES); elle doit être de même forme ainsi que le baquet dans lequel on la sangle, seulement la cave destinée à recevoir les biscuits, doit être dans l'intérieur divisée par trois grilles, qui entrent toutes trois juste dans la cave, elles sont de mêmes dimensions et elles sont soutenues à dix centimètres de distance les unes des autres par chacune quatre petites pattes en ferblanc, soudées dans les angles de la cave ; si votre cave était petite vous ne feriez mettre que deux grilles pour recevoir vos biscuits. Vous commencez par garnir de biscuits le fond de votre cave, ensuite vous mettez une grille et la remplissez de même, quand le fond de votre cave et toutes les grilles sont garnies de biscuits, vous mettez le couvercle sur votre cave et vous mettez dessus de la glace et du salpètre pour que la cave soit sanglée, et vous laissez vos biscuits dans cette position au moins deux heures, au bout de ce temps vous les servez sur des soucoupes de même que les glaces, comme on ne les sert pas toutes d'une fois, il faut avoir soin, à chaque fois que l'on en sert, de remettre le couvercle sur la cave, il faudrait resangler la cave de même que pour les glaces si on était trop longtemps sans les servir, et si on voyait que les biscuits voulussent se ramollir.

Autre procédé pour la préparation des bombes et biscuits glacés.

Vous mettez dans un poêlon dix jaunes d'œufs, que

vous délayez avec un demi-litre de sirop de sucre et un tiers de de litre d'eau, vous mettez, dans le même poêlon, un bâton de vanille que vous fendez en quatre, et vous mettez votre poêlon sur le feu, en ayant soin de remuer votre préparation avec une spatule, et vous la faites cuire comme il est indiqué pour la composition des glaces à la vanille ; quand elle est cuite (ce que vous voyez quand elle marque à la spatule) vous l'enlevez de dessus le feu et la passez à travers un tamis de soie ou une étamine propre et la laissez refroidir ; quand elle est froide, vous posez sur de la glace et du salpêtre la terrine dans laquelle elle est contenue, et au bout de quelques minutes, vous la fouettez avec un fouet en osier, jusqu'à ce qu'elle soit bien légère et qu'elle ait au moins triplé son volume primitif ; alors vous prenez plein une assiette creuse de crême fouettée, que vous sucrez en y introduisant quatre onces de sucre en poudre, ce que vous faites en soulevant légèrement votre crême fouettée avec une spatule et versant votre sucre doucement ; quand la crême fouettée est sucrée, vous la mélangez avec votre préparation. Le reste ne change en rien, soit pour mettre la composition dans le moule à bombes, ou pour la coucher dans les caisses à biscuits.

Si on voulait faire cette composition au café, il faudrait remplacer le cinquième de litre d'eau que l'on met avec les jaunes et le sirop de sucre, par un cinquième de litre de bon café à l'eau et supprimer le bâton de vanille.

Crême fouettée.

Vous mettez, dans une moyenne terrine de grès, un demi-litre de bonne crême double, vous mettez dans votre crême plein une petite cuillère à café de gomme adragante en poudre, ou, faute de gomme adragante, deux cuillères à café de de gomme arabique, également en poudre; ensuite vous mettez votre terrine sur de la glace et du salpêtre et la laissez environ deux heures : au bout de ce temps, vous fouettez votre crême avec un fouet en osier, en laissant toujours votre terrine sur la glace, à mesure que votre crême forme de la mousse, vous enlevez cette mousse avec une écumoire et vous la posez sur un tamis pour qu'elle s'égoutte et vous continez à fouetter votre crême tant qu'elle formera de la mousse, vous laissez cette mousse s'égoutter au moins un quart d'heure en la tenant dans un endroit froid, et vous pouvez ensuite vous en servir pour les plombières, les bombes, les biscuits glacés, etc.

CHAPITRE IX.

DES RAFRAICHISSEMENTS OU LIQUEURS FRAICHES.

On peut sucrer indifféremment les rafraîchissements avec du sirop de sucre, ou avec du sucre en pain. Le résultat est le même, mais il est plutôt fait de les sucrer avec du sirop de sucre que l'on a préparé d'avance pour l'employer froid.

Eau de groseilles dans la saison de ce fruit.

Vous prenez une livre et demie de groseilles et une demi-livre de framboises, vous écrasez ces fruits dans un tamis de crin, que vous aurez posé sur une terrine; quand vos fruits sont pressés, vous enlevez le tamis et mettez avec le jus un demi-litre de sirop de sucre et un litre d'eau filtrée, vous mélangez le tout ensemble et faites passer à la chausse ou au tamis de soie.

Si vous n'aviez pas de sirop préparé, ou même si vous préfériez sucrer avec du sucre en pain, vous ajouteriez, au jus de vos fruits, trois quarts de sucre en pain et un litre et demi d'eau, vous faites fondre votre sucre en le remuant avec une cuillère de bois ou d'argent, et quand il est fondu, vous passez la la préparation à la chausse.

Cette eau de groseille doit peser environ huit degrés, vous pouvez la sucrer plus ou moins en augmentant ou diminuant la dose du sucre.

Si on veut toujours sucrer les rafraîchissements également, il faut les peser avec le pèse-sirop chaque fois que l'on en prépare. Quand on apprête des rafraîchissements pour être passés sur des plateaux, il suffit de les sucrer à huit degrés, mais si l'on est pour les mettre dans des carafes et les servir sur un plateau avec une carafe d'eau et des verres vides autour des carafes, vous pouvez les sucrer à dix degrés, vu que si quelques personnes les trouvent trop sucrés, elles seraient à même de rajouter de l'eau.

Eau de groseilles dans l'hiver.

Vous prenez un demi-litre de jus de groseilles clair conservé (voyez Conserve de jus clair) que vous versez dans une terrine, vous y joignez, un demi-litre de sirop de sucre et un litre d'eau filtrée, vous mélangez le tout et faites passer à travers un tamis de soie. Cette eau de groseilles doit peser environ huit degrés; si vous voulez qu'elle pèse plus, vous ne mettez pas tout votre litre d'eau, comme si vous vouliez qu'elle pèse moins il faudrait en mettre plus d'un litre. C'est avec l'eau que vous réglez les degrés de votre préparation, la dose du sucre et celle du jus ne doivent pas varier.

Eau de cerises dans la saison de ce fruit.

Vous prenez deux livres de cerises, vous ôtez les queues et jetez celles de vos cerises qui paraîtraient gâtées ; ensuite vous les pressez sur un tamis pour en extraire le jus ; vous ajoutez à ce jus un demi-litre de sirop de sucre et un litre d'eau, et vous passez ce mélange à la chausse.

Si vous voulez donner le goût de noyau à votre eau de cerises, vous mettez, après que vous avez pressé vos cerises, les noyaux et la chair qui n'a pas passé à travers le tamis, dans un mortier ; les pilez et les mettez ensuite dans une terrine, vous versez un litre d'eau dessus en les délayant et vous versez le tout dans votre tamis de crin, que vous aurez mis sur la terrine où est le jus de cerise, et vous faites passer de nouveau ; quand vous avez pressé vos cerises, vous enlevez le tamis et mettez un demi-litre de sirop de sucre dans votre jus de cerise, mélangez le tout ensemble et faites passer à la chausse.

Eau de cerises faite avec du jus de cerises conservé.

Vous prenez un demi-litre de jus de cerises clair

(voyez Jus de cerise conservé) et conservé pour rafraîchissements, vous le versez dans une terrine, vous mettez avec un demi-litre de sirop de sucre et un litre d'eau, vous mélangez le tout ensemble et faites passer à travers un tamis de soie.

Eau de cerises conservées avec les noyaux.

Vous prenez une litre de cerises conservées pour les glaces (voyez Cerises conservées pour glaces), vous les versez dans un tamis de crin, que vous aurez posé sur une terrine, vous faites passer le plus de jus possible et vous remettez dans un autre vase ce qui n'est pas passé, vous versez dessus un litre d'eau, remuez le tout ensemble et faites passer de nouveau à travers le tamis ; quand il ne passe plus rien, enlevez le tamis et ajoutez un demi-litre de sirop de sucre, remuez avec votre cuillère et faites passer à la chausse. Cette liqueur est très bonne, mais elle a toujours une couleur laiteuse causée par les amandes qui ont été pilées.

Orgeat.

Vour prenez une livre d'amandes, dont quatorze onces d'amandes douces et deux onces d'amandes amères ; vous les mondez et les pilez de même que pour le sirop d'orgeat (voyez Sirop d'orgeat); quand toutes vos amandes sont pilées, vous les mettez dans une terrine et les détrempez avec deux litres d'eau : vous ne versez que peu d'eau à la fois sur vos amandes et en les remuant avec une spatule ; quand vous aurez versé toute l'eau sur vos amandes et qu'elles seront bien délayées, vous les versez dans un torchon très fort pour les presser; quand elles sont pressées, vous les remettez dans la terrine et les délayez de nouveau avec deux autres litres d'eau, et vous les pressez une seconde fois, ce qui vous fait quatre litre de lait d'amandes, que vous sucrez avec une livre et demie de sucre en pain, vous faites fondre ce sucre en le remuant de temps en temps avec une cuillère de bois; quand il est fondu, vous passez votre orgeat à travers un tamis de soie et y joignez deux cuillerées à café d'eau de fleurs d'orange.

Quand on est pour verser l'orgeat dans les verres, il faut toujours avoir soin de le remuer avec une cuillère, vu que le lait d'amandes monte toujours au-dessus.

Limonade.

Vous prenez 4 citrons, vous en zestez trois dans un demi-litre de sirop de sucre, de même que pour les glaces aux citrons, et laissez infuser les zestes de même, ensuite vous pressez vos 4 citrons et ajoutez de l'eau pour mettre cette préparation à huit degrés, ensuite vous passez votre limonade à travers un tamis de soie.

Orangeade.

Vous prenez quatre oranges, vous en zestez deux dans un demi-litre de sirop de sucre, de même que pour les glaces à l'orange et laissez infuser les zestes de même, ensuite vous pressez sur les zestes et dans la même terrine, le jus des quatre oranges et celui de deux citrons, vous y ajoutez ensuite de l'eau pour mettre votre orangeade à huit dégrés, et vous la faites passer à travers un tamis de soie.

Limonade cuite.

Vous pelez un citron au vif et le coupez par tranches ; après avoir enlevé les pépins, vous mettez les tranches dans une grande théière, versez de l'eau bouillante sur votre citron et laissez infuser quelque minutes, ensuite vous la servez en mettant un sucrier sur le même plateau, pour que l'on puisse la sucrer en la prenant. Cette limonade ne se prend ordinairement que quand on est indisposé, c'est pourquoi on ne met pas le zeste de citron, qui est très échauffant, mais si on la prenait par goût, il faudrait zester le quart de votre citron et mettre ce zeste dans votre théière avec vos tranches de citron.

Orangeade cuite.

L'orangeade cuite se fait et se sert de même que la limonade cuite, en prenant, bien entendu, une orange au lieu d'un citron.

Liqueurs fraîches glacées.

Si vous vouliez mettre vos liqueurs fraîches à la glace, il faudrait les sucrer davantage que quand on les sert naturellement, vu que toutes les compositions qui sont glacées perdent de leur sucre, ou pour mieux dire, le froid fait absorber la douceur du sucre.

Vous apprêteriez toutes vos liqueurs fraîches tel qu'il est indiqué à chaque espèce, en les sucrant à quinze degrés au lieu de huit, qui est le degré convenable pour les rafraîchissements. Quand vos préparations seront terminées, deux heures avant de les servir, vous les mettez dans des sarbotières, que vous aurez sanglées en mettant moitié moins de salpêtre que quand on les sangle pour faire congeler les compositons de glace, vous faites tourner vos sarbotières quelques minutes et aussitôt que la liqueur commence à prendre aux parois de la sarbotière, vous la détachez avec une houlette, vous ne tournerez plus vos sarbotières et les laisserez jusqu'au moment de servir vos liqueurs glacées en ayant soin de détacher toutes les demi-heures et au moment de les servir, ce qui s'attache aux parois de la sarbotière. Cette liqueur se sert presque liquide et doit ressembler à de la neige presque fondue et dont on ne voit plus que quelques grains.

CHAPITRE X.

Punch chaud.

Quatre livres de sucre, trois bouteilles de rhum, deux citrons, une orange, une once de thé.

Vous mettez dans une petite terrine un verre de sirop de sucre froid, vous zestez dans ce sirop deux citrons et une orange, vous couvrez votre terrine et laissez infuser vos zestes deux ou trois heures; au bout de ce temps, vous pressez le jus de vos citrons et de votre orange dans la même terrine, ensuite vous faites infuser une once de thé dans trois litres et demi d'eau bouillante, en le laissant infuser environ un quart-d'heure; au bout de ce temps, vous mettez dans une bassine quatre livres de sucre en pain, et vous versez votre infusion dessus en la faisant passer à travers un tamis de soie, vous mettez la bassine sur le feu et faites fondre votre sucre; quand il est fondu, vous mettez dans la même bassine le sirop dans lequel sont les zestes et le jus de vos citrons et de votre orange, en le versant sur un tamis de soie pour ne pas mettre les zestes dans la bassine, vous joignez à cette préparation trois bouteilles de rhum, vous laissez le tout chauffer (sans bouillir); quand votre punch est bien chaud, vous l'allumez : aussitôt qu'il flambe, vous soufflez pour l'éteindre et le laissez au bain-marie jusqu'à ce que vous le serviez.

Voici la meilleure manière de tenir le punch au chaud : vous mettez des bouteilles vides et propres dans une bassine avec de l'eau, vous mettez la bassine sur le feu, et quand l'eau et les bouteilles commencent à bouillir, vous égouttez vos bouteilles, les remplissez de punch, et après les avoir bouchées, les mettez debout dans la bassine, vous laissez le tout sur le bord du fourneau pour que l'eau reste presque bouillante; par ce moyen, le punch se tient chaud, sans perdre de ses degrés ni de sa qualité, et quand vous êtes prêt à le servir, vous prenez une bouteille et versez dans vos verres. Si vous trouviez votre punch trop fort, vous pourriez le laisser brûler jusqu'à ce qu'il s'éteigne, ce qui le rendrait plus doux; vous pouvez aussi lui ajouter un peu d'eau et un peu de sucre.

Si vous n'aviez que très peu de punch à faire et que vous soyiez pressé, vous mettez dans une grande théière le zeste de la moitié d'un citron et quatre cuillères à café de thé, et vous versez dans votre théière un demi-litre d'eau bouillante que vous laissez infuser dix minutes ; au bout de ce temps, vous versez votre infusion sur dix onces de sucre que vous aurez mis dans un poêlon, et vous y joignez une demi-bouteille de rhum et le jus d'un citron, en ayant soin de ne pas laisser tomber de pépins dans votre punch, ce qui le rendrait amer, vous faites chauffer votre punch, le faites brûler un instant et pouvez le servir.

Chocolat chaud, à la crême.

Deux livres de chocolat, quatre litres de crême, une demi-livre de sucre, un demi-litre d'eau.

Vous mettez deux livres de bon chocolat à la vanille dans une casserole propre, vous la mettez sur un peu de cendres chaudes ou au bain-marie, pour que votre chocolat se ramollisse ; pendant ce temps, vous faites bouillir quatre litres de crême, dans laquelle vous mettez une demi-livre de sucre en pain ; quand le chocolat est mou, vous le détrempez avec un demi-litre d'eau bouillante, en ne mettant que peu d'eau à la fois et travaillant le chocolat avec une cuillère de bois, au fur et à mesure que l'on met l'eau, pour qu'il ne reste pas de grumeaux dans votre chocolat ; quand il est bien délayé et que toute l'eau est dedans, vous y joignez votre crême qui doit être bouillante, et vous remettez votre casserole sur le feu en remuant toujours avec votre cuillère de bois pour que le chocolat ne s'attache pas à la casserole. Quand votre chocolat a bouilli tout doucement pendant quatre à cinq minutes, vous le tenez sur le coin du fourneau ou au bain-marie pour qu'il se tienne bien chaud jusqu'à ce que vous le serviez.

Si vous trouviez votre chocolat trop épais, vous y ajouteriez un peu de crême ou un peu d'eau bouillante.

Chocolat chaud, à l'eau.

Ce chocolat se prépare de même que le précédent, en employant quatre litres d'eau au lieu de quatre litres de crême.

Chocolat mousseux.

Pour deux tasses de chocolat mousseux, vous rapez deux tablettes de chocolat que vous mettez ensuite dans une chocolatière, en y joignant un petit morceau de sucre de la grosseur d'une noix, vous versez sur votre chocolat plein deux petites tasses d'eau bouillante, et vous mettez votre chocolatière sur le feu, en ayant soin de remuer avec le moussoir pour faire dissoudre le chocolat ; aussitôt qu'il bout, vous le retirez de dessus le feu et versez dedans deux cuillerées de crême double, et de suite, vous le faites mousser en frottant le manche de votre moussoir dans vos deux mains, ce qui le fait tourner très vite et fait mousser votre chocolat ; au fur et à mesure qu'il mousse, vous faites tomber cette mousse dans dans les tasses. Quand vos tasses sont pleines, vous les servez de suite pour que la mousse n'ait pas le temps de retomber, il faut même avoir soin de passer de l'eau bouillante dans les tasses pour les échauffer avant que de verser la mousse dedans. On peut préparer ce chocolat à l'avance, mais alors il faut le tenir au chaud et ne le faire mousser qu'au moment de le servir.

J'ai toujours employé avec succès pour le chocolat mousseux du chocolat préparé spécialement pour ce travail, et sortant de chez Sima, chocolatier, rue de la Sourdière, 29.

Croûte au café.

Vous coupez par grandes tartines la croûte de dessus un pain de deux livres (appelé pain jocko), vous enlevez avec un couteau toute la mie qui est attachée à la croûte, et vous faites sécher vos tartines sur un feu très doux, pour-qu'elles se dessèchent sans brûler. Quand vos croûtes sont bien desséchées, vous en garnissez le fond d'une casserole d'argent ou son faux-fond, ensuite vous versez sur vos croûtes du café à l'eau très faible, et sucré dans les proportions de quatre onces de sucre pour un demi-litre de café à l'eau : vous mettez de ce café au deux tiers de votre casserole et le mettez sur le feu ; quand le café bout, vous couvrez votre feu avec de la cendre et laissez le tout mijotter tout doucement pendant environ trois heures ; après ce temps, toutes vos croûtes n'en forment plus qu'une et le liquide est très épais.

Quand vous êtes pour servir votre croûte au café, vous préparez du café à l'eau un peu fort et faites bouillir de la crême, ensuite vous mettez le café dans la cafetiére et la crême dans le pot à crême, et vous servez le tout ensemble, en servant la croûte dans la même casserole où vous l'avez fait cuire, et vous mettez le tout sur un plateau pour que les maîtres puissent se servir de la croûte dans une tasse ou une assiette creuse, et y ajoutez du café ou de la crême, suivant leur goût.

FIN.

TABLE DES MATIÈRES.

PREMIÈRE PARTIE.

CHAPITRE PREMIER.

	Pages.
Explication sur le sucre	1
De la clarification du sucre	2
Des cuites du sucre	3
De la cuite au cassé	5

CHAPITRE II.

Pastilles et sucre rafraîchissant	6
Pastilles à la groseille	7
Pastilles aux framboises	9
Pastilles à l'orange	9
Pastilles au citron	10
Pastilles aux fraises	10
Pastilles à l'orgeat	11
Pastilles à l'ananas	11
Des sucres rafraîchissants	13
Pastilles ordinaires à différents parfums	13
Pastilles de menthe	13
Pastilles à la rose	14
Pastilles à l'eau de fleur d'orange	14

CHAPITRE III.

Des caramels	14
Caramels au café, à la crème	15
Caramels au chocolat	16
Caramels à la fleur d'oranger	17

	Pages.
Caramels à la vanille	18
Sucre de pommes	19

CHAPITRE IV.

Des conserves mattes	20
Conserves mattes à la fleur d'orange nouvelle ou pralinée.	21
Conserves mattes au café	24
Conserves mattes au chocolat	27
Conserves mattes à la vanille	27
Conserves mattes à la liqueur	28
Conserves mattes à l'orange	29
Conserves mattes au citron	30
Conserves mattes moullées	30
Conserves à la fleur d'orange grillée	30

CHAPITRE V.

Conserves soufflées	32
Soufflés de fleur d'orange	34
Biscuits à la fleur d'orange, en ronds ou en caisses	34
Fleur d'orange pralinée	36
Violette pralinée	38
Pistache pralinée	40
Des pralines	41
Pralines ordinaires	42
Pralines de dessert	47
Des sucres tors	54
Sucre tors au café	56
Bonbons fondants	57
Bonbons fondants, en caisses	60
Des bonbons en chocolat	61
Pastilles en chocolat	63
Diablotins	64
Des bonbons à la liqueur	65
Bonbons au café, à la crème, en liqueur	69
Grains de café	69
Bonbons chocolat à la crème, en liqueur	70
Des bonbons candis	74
Des candis à jours	74
Les fruits aux caramels	74
Imitation de marrons en chocolat	79
Marrons glacés	84
Glace pour les fruits confits, appelés au tirage	84

DEUXIÈME PARTIE.

	pages.
Des petits fours...........................	85

CHAPITRE PREMIER.

Préparation du petit four....................	85
Manière de chauffer un grand four............	87
Chauffage des petits fours appelés fours à l'Allemande.	88

CHAPITRE II.

Blancs d'œufs pris en neige..................	89

CHAPITRE III.

Biscuits à la cuillère........................	91

CHAPITRE IV.

Macarons secs..............................	94
Macarons moelleux..........................	95
Macarons aux avelines.......................	97

CHAPITRE V.

Massepains seringués........................	98
Massepains seringués soufflés................	99
Massepains soufflés, au chocolat et pistaches....	101
Massepains soufflés aux amandes..............	102
Massepains soufflés aux avelines..............	103
Massepains soufflés à la fleur d'oranger pralinée.	104
Massepains soufflés en caisses................	104

CHAPITRE VI.

Rochers...................................	105

CHAPITRE VII.

Petit four en pâte à biscuits de Reims...........	106

CHAPITRE VIII.

Biscuits soufflés, à la fleur d'orange pralinée.....	108

	Pages.
Zéphirs	109
Meringues tournées	110
Ballons	112

CHAPITRE IX.

Pâte à Génoises	114

CHAPITRE X.

Préparation de la glace pour glacer plusieurs espèces de petits fours	116
Glacés à la vanille	116
Glacés à la liqueur	117
Glacés à l'orange	118
Glacés au citron	119
Glacés au café	119
Glacés au chocolat	120

CHAPITRE XI.

Bouchées de dames	121
Petits glacés	122
Glacés de différentes formes	123

CHAPITRE XII.

Bâtons à la vanille	124

CHAPITRE XIII.

Glace royale	126

CHAPITRE XIV.

Petits pains aux marrons	126
Petits pains aux avelines	128
Petits pains aux amandes	129

CHAPITRE XV.

Petits fours pour servir avec le thé	129
Autre espèce de petits fours pour le thé	130

CHAPITRE XVI.

Gaufres d'office	131

TROISIÈME PARTIE.

CHAPITRE PREMIER.

	pages.
Des compotes.	134
Compotes de pommes.	134
Compotes de poires.	137
Compotes de poires rouges.	139
Compotes d'oranges.	140
Compotes de coings.	141
Compotes de cerises.	142
Compotes de framboises.	143
Compotes d'abricots.	143
Compotes de pêches.	144
Compotes de mirabelles.	145
Compotes de marrons.	146
Compotes de marrons en vermicelle.	147
Compotes d'ananas.	148
Gelée de pommes pour couvrir les compotes.	149

CHAPITRE II.

Des confitures.	152
Gelée de groseilles framboisée.	152
Gelée de groseilles faite à froid.	154
Gelée de pommes.	155
Gelée de coings.	157
Confitures de cerises.	157
Cerises à mi-sucre.	160

CHAPITRE III.

Des marmelades.	161
Marmelade d'abricots.	161
Marmelade de pêches.	163
Marmelade de eine-Claude.	163
Marmelade de mirabelles.	164
Marmelade de poires.	164
Pâte ou marmelade de pommes.	165

	Pages.
Marmelade ou pâte de coings	167
Pâte d'abricots	167

CHAPITRE IV.

Des fruits confits	169
Poires confites	171
Quartiers de coings confits	173
Abricots confits	175
Prunes de reine-Claude confites	177
Prunes de mirabelle confites	178
Marrons confits	179
Oranges confites, entières ou en quartiers	182
Abricots verts confits	183
Angélique confite	184
Verjus confit	185

QUATRIÈME PARTIE.

Des conserves	188

CHAPITRE PREMIER.

Du bouchage des bouteilles et de leur choix	192

CHAPITRE II.

Manière de préparer le sirop pour les compotes	196

CHAPITRE III.

Compote de cerises	196
Compote de framboises	197
Compote d'abricots	198
Compote de pêches	200
Compote de mirabelles	201
Compote de reine-Claude	202
Compote d'ananas	203
Compote de poires	204

	Pages.
Marrons conservés	204
Abricots verts et verjus	205

CHAPITRE IV.

Conserve de jus de groseilles trouble	206
Jus de groseilles clair	207
Jus de framboises conservé pour les glaces	208
Jus de framboises clair pour sirop	209
Jus de cerises trouble pour glaces et sorbets	210
Jus de cerises clair	211

CHAPITRE V.

Purée d'abricots pour glaces	211

CHAPITRE VI.

Manière de préparer les compotes conservées avant de les servir	212
Compotes de cerises avec ou sans noyaux	212
Compote d'abricots	213
Compote de pêches	214
Framboises et mirabelles	214
Ananas	215
Reine-Claude et poires	215
Marrons conservés	215
Transport des conserves	215

CINQUIÈME PARTIE.

Des sirops	217

CHAPITRE PREMIER.

Sirop de groseilles framboisé	217
Sirop de cerises	220
Sirop de framboises	221
Sirop de mûres	223

Sirop d'oranges... 224
Sirop de limon.. 225

CHAPITRE II.

Sirop d'orgeat.. 226

CHAPITRE III.

Sirop de gomme... 228
Sirop de guimauve... 230

CHAPITRE IV.

Sirop de vinaigre framboisé................................. 231

CHAPITRE V.

Sirop de violettes.. 232
Sirop de coings... 234

—

SIXIÈME PARTIE.

—

Des glaces, sorbets, liqueurs fraîches, etc................. 236

CHAPITRE PREMIER.

Des ustensiles nécessaires à la fabrication des glaces...... 237

CHAPITRE II.

De la congélation des compositions.......................... 239

CHAPITRE III.

Du moulage des glaces....................................... 242

CHAPITRE IV.

Du choix de la crême et des œufs............................ 249

CHAPITRE V.

Des compositions à la crême................................. 250

	pages.
Glaces à la vanille	250
Glaces au café	252
Glaces aux pistaches	253
Vert d'épinards	254
Glaces au chocolat	255
Glaces appelées crème plombière	256

CHAPITRE VI.

Des glaces aux fruits	258
Glaces aux groseilles framboisées	259
Glaces aux framboises	260
Glaces aux fraises	261
Glaces aux cerises	262
Glaces aux abricots	263
Glaces aux pêches	264
Glaces aux poires	265
Glaces à l'ananas	265
Glaces à l'orange	267
Glaces au citron	268

CHAPITRE VII.

Punch glacé et sorbets	269
Punch à la romaine	269
Sorbets au rhum ou punch glacé	270
Sorbets au vin de Champagne	271
Sorbets à la cerise	272
Sorbets à la fraise	272
Sorbets à l'ananas	273
Café glacé	273
Macédoine de fruits glacés au vin de Champagne	275

CHAPITRE VIII.

Des bombes et biscuits glacés	277
Préparation pour une bombe à la vanille	277
Préparation pour une bombe au café	280
Biscuits glacés	280
Crème fouettée	283

CHAPITRE IX.

Des rafraîchissements, ou liqueurs fraîches	284
Eau de groseilles dans la saison de ce fruit	284

	pages.
Eau de groseilles dans l'hiver	285
Eau de cerises dans la saison de ce fruit	286
Eau de cerises faite avec du jus de cerises conservé	286
Eau de cerises conservées avec les noyaux	287
Orgeat	287
Limonade	288
Orangeade	289
Limonade cuite	289
Orangeade cuite	290
Liqueurs fraîches glacées	290

CHAPITRE X.

Punch chaud	291
Chocolat chaud à la crème	293
Chocolat chaud à l'eau	294
Chocolat mousseux	294
Croûte au café	295

FIN DE LA TABLE DES MATIÈRES

Imprimerie de Vassal frères, rue Saint-Denis, 368.

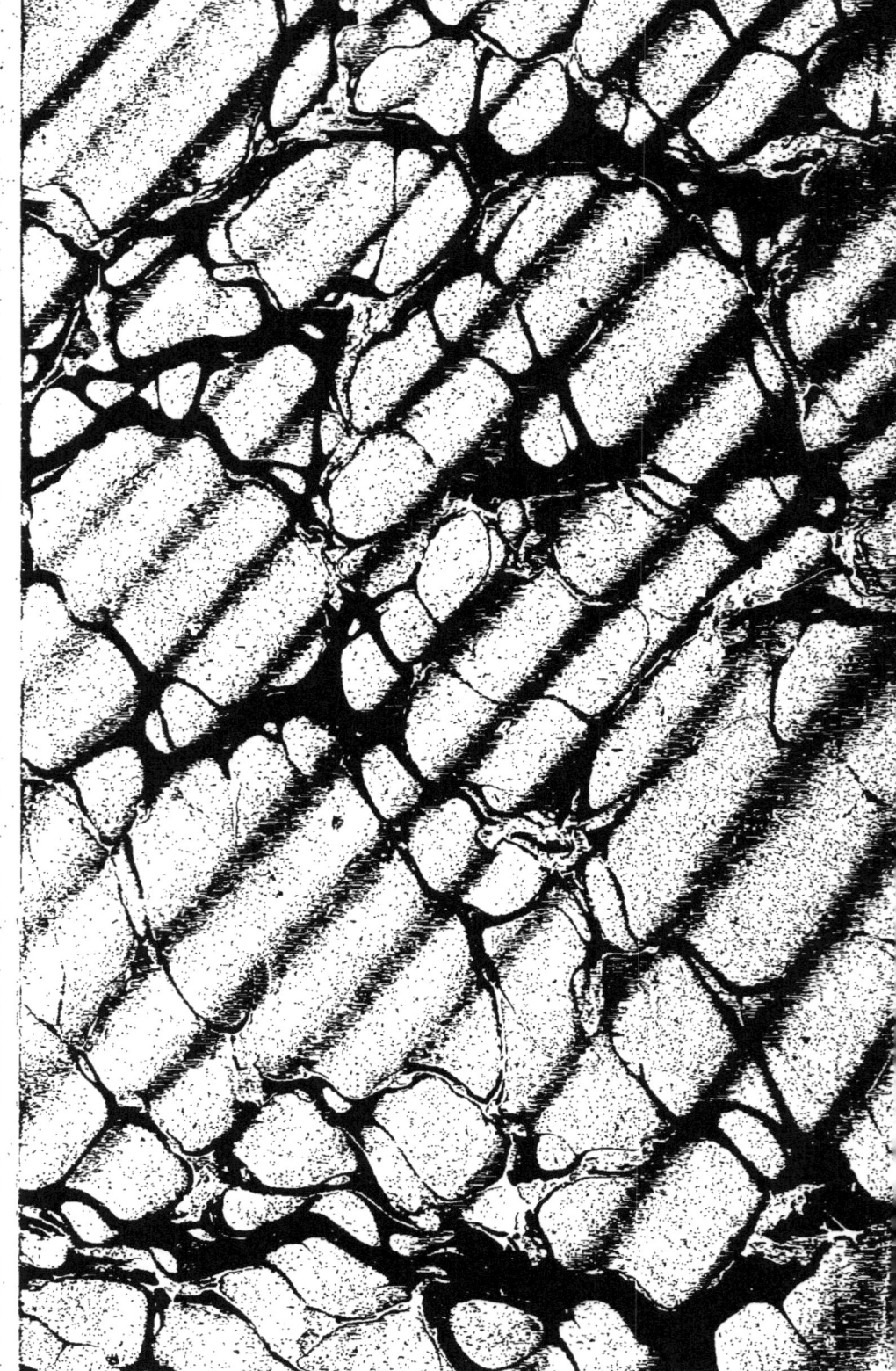

www.ingramcontent.com/pod-product-compliance
Lightning Source LLC
Chambersburg PA
CBHW070628160426
43194CB00009B/1392